AF870600

novum premium

Georg Josef Mysik

Quo vadis medicine

Vade me cum

novum premium

Bibliografische Information
der Deutschen Nationalbibliothek:

Die Deutsche Nationalbibliothek
verzeichnet diese Publikation in
der Deutschen Nationalbibliografie.
Detaillierte bibliografische Daten
sind im Internet über
http://www.d-nb.de abrufbar.

Alle Rechte der Verbreitung,
auch durch Film, Funk und Fernsehen,
fotomechanische Wiedergabe,
Tonträger, elektronische Datenträger
und auszugsweisen Nachdruck,
sind vorbehalten.

© 2017 novum Verlag

ISBN 978-3-95840-173-0
Lektorat: Mag. Nicole Schlaffer
Umschlagfoto:
Kevin Carden | Dreamstime.com
Umschlaggestaltung, Layout & Satz:
novum Verlag
Innenabbildungen: Georg Josef Mysik

Die vom Autor zur Verfügung gestellten Abbildungen wurden in der bestmöglichen Qualität gedruckt.

Gedruckt in der Europäischen Union
auf umweltfreundlichem, chlor- und
säurefrei gebleichtem Papier.

www.novumverlag.com

Vorwort

Seit beinahe 28 Jahren bin ich als Arzt tätig, der seinen Pflichten gewissenhaft nachgeht, der von seinem sogenannten akademischen Wissen Gebrauch macht, aber auch die alternative Medizin und seine berufliche und Lebenserfahrung in seine Tätigkeit einbezieht. Das wichtigste Ziel meiner Arbeit ist sowohl das Verlängern, als auch das Verbessern der Lebensqualität meiner Patienten.

Die Vielzahl meiner Patienten, das Vertrauen und ein gewisser Grad an Autorität/Respekt, die mir meine Mitarbeiter und Ärztekollegen schenken, lässt vermuten, dass ich in meiner Tätigkeit Erfolg habe. Doch mit der Zeit keimen in mir Zweifel auf. Um meinen Patienten effektiver zu helfen, werde ich gewissermaßen immer häufiger gezwungen, ihnen Empfehlungen und Ratschläge zu geben, die mit dem offiziellen Stand der Wissenschaft und der Meinung hoch qualifizierter Ärztevereine nicht übereinstimmen. Deshalb frage ich mich, ob ich falsch liege, oder ob, wie der Titel des Buches verrät, die Entwicklung der Medizin die falsche Richtung einschlägt. Durch gegenwärtige Krise im Bereich der gesetzlichen Krankenversicherung in Deutschland und Aussagen vieler Spezialisten, dass wir Mediziner nichts anderes betreiben, als ein Verschiebebahnhof (Heilen einer Erkrankung und gleichzeitiges Provozieren einer anderen), werden meine Zweifel nicht weniger.

Ich möchte, dass Sie, liebe LeserInnen, als potentielle Patienten, mir helft meine Zweifel aufzuheben. Ich behandle meine Arbeit vor allem als eine Beratung, Richtungsweisung und Beispielgebung in Sachen Gesundheit und Lebensqualitätsverbesserung meiner Patienten. Dabei nutze ich vor allem deren Allgemein- und Schulwissen und das Wissen aus den Medien. Dabei setze ich voraus, dass der Patient sich seine eigenen Lebensziele setzt und somit auch um sein gesundheitliches Wohlbefinden sorgt.

Ich hoffe, dass dieses Buch für Sie nicht nur eine interessante Lektüre darstellen wird, sondern auch manchen von Ihnen hilft, gesundheitliche Probleme zu lösen.

Über den Autor

Ich wurde in der Mitte der 50er-Jahre des 20. Jahrhunderts im Nachkriegseuropa als Vertreter der Babyboomgeneration geboren. Ich bin in einer ländlichen Umgebung mit viel Kontakt zur Natur groß geworden. Ich lebte immer zwischen zwei Kulturen, der slawischen und der germanischen Kultur.

Einen Teil meines Lebens verbrachte ich im kommunistischen System. Ich war Zeuge der Zerstörung/des Falls des Kommunismus und erlebte die daraus resultierenden Auswirkungen in Mitteleuropa.

Schon als Grundschüler, später auch als Gymnasiast und Student, zeigte ich sehr vielseitiges Interesse, das sich nicht nur auf Fachwissen beschränkte. Vielleicht war dies der Grund für meine berufliche Zufriedenheit, als ich nach dem Studium in Kliniken arbeitete. Aber erst die Arbeit als Allgemeinarzt, anfangs in ländlicher Umgebung und in Kleinstädten, seit knapp 17 Jahren parallel in der Großstadt, führte zur Vollkommenheit.

Als Kleinkind lernte ich von meinen Eltern, Großeltern und in der Kirche, dass unsere Welt und wir Menschen von einem großen, allmächtigen, uns liebenden Gott geschaffen sind. Dass wir ihn auch mit all unserer Kraft lieben sollten und unseren Nächsten wie uns selbst. Das sei sein Hauptgebot.

Über die Entstehung des menschlichen Organismus erfuhr ich:

Laut Altem Testament schuf Gott die Welt in sieben Tagen

- am 1. Tag schuf er Himmel und Erde
- am 2. Tag schuf er Meere und Ozeane
- am 3. Tag schuf er Küsten
- am 4. Tag schuf er die Pflanzenwelt
- am 5. Tag schuf er die Tierwelt
- am 6. Tag schuf er den Menschen
- am 7. Tag ruhte er

Die ersten Menschen waren Adam und Eva. Sie lebten in einem Paradies, wo es warm und gemütlich war. Gott schenkte ihnen Freiheit und auch freien Willen. Sie kannten keine Sorgen und waren unsterblich, unter einer Voraussetzung aber. Sie durften nicht Früchte von einem Baum essen, der mitten im Paradies wuchs. Sie haben es dennoch getan, wurden vom Paradies vertrieben und wurden sterblich, sie, wie auch ihre Nachkommen, also Menschen wie wir. Wenn wir den Geboten des lieben Gottes folgen, dann kommen wir nach dem Tod ins Paradies, wenn wir aber ein unwürdiges Leben führen, dann landen wir in den ewigen Flammen der Hölle.

Später als Schüler, Gymnasiast, Student und schließlich Arzt wurde ich mit dem Darwinismus, also der Lehre über die Entstehung der Arten konfrontiert.

Also rein wissenschaftlich gesehen, sah der Weg zu uns Menschen so aus:

1. Der Urknall (Entstehung der Materie, Energie, Raum und Zeit von nichts) fand vor etwa 15 Milliarden Jahren statt.
2. Die Galaxien (eine enorm große Ansammlung von Sternen und kosmischem Material), die sich immer schneller voneinander entfernen, entstanden vor über 12,5 Milliarden Jahren, sie enthalten vorwiegend leichte Atome als Wasserstoff und Hell.
3. Unser Stern, die Sonne, entstand vor ca. 5 Milliarden Jahren, als Folge des Ausbruchs einer Supernova, samt schwerere Atome zum Beispiel Eisen, Sauerstoff, Kohl, Silizium.
4. Unser Planet, die Erde, entstand vor ca. 4 Milliarden Jahren von Ansammlungen dieser schwereren Atome (einige behaupten, dass Sonne und Erde parallel zueinander entstanden).
5. Die ersten Organismen, die sich durch ihre eigenständige Existenz in ihrer Umgebung (Biotop) und durch das eigenständige Vermehren charakterisierten, entstanden vor ca. 3,5 Milliarden Jahren; das waren die Einzeller (Hauptteile ihrer Körper in heißem Wasser, das genetische Material aber in Kälte).
6. Vor ca. 550 Millionen Jahren war unsere Erde von einer großen Anzahl an hochkomplizierten Vielzellern, sowohl pflanzlich als auch tierisch, besiedelt.

7. Vor ca. 6–7 Millionen Jahren tauchten auf dem afrikanischen Kontinent die ersten menschenaffenähnelnden Individuen auf, die sich durch ihre aufrechte Körperhaltung charakterisierten, die in Gruppen lebten und ein soziales Leben führten. Aus diesen Vormenschen entwickelte sich langsam der heutige Mensch Homo sapiens sapiens genannt.

Was machte den Menschen aber zum Herrn dieser Welt? Wie konnte er die Welt trotz starker Konkurrenz erobern? Wie entstand unsere Zivilisation?

Bestimmt waren es weder starke Krallen noch große Zähne. Bestimmt waren es aber unsere Neugier, unsere Fähigkeit zu lernen, unsere Fähigkeit in größeren Gruppen zu leben und damit besser Jungen zu versorgen und zu schützen. Die Eigenschaften aber haben manche Tiere: Wölfe zum Beispiel.

Die Fragen blieben lange unbeantwortet. Bis zur Entdeckung sogenannter Spiegelneuronen, die uns Menschen (und voraussichtlich auch menschenartigen Affen) erlauben, uns in die Gefühlslage von anderen zu versetzen, also mitleiden zu können und zivilisatorische Eigenschaften mit Ich-Bewusstsein und freiem Willen entstehen zu lassen.

Kapitel I

Alle auf der Erde lebenden Organismen, auch die Zellen des Menschen sind aus Proteinen (Proteine bestehen aus Aminosäuren und die aus Wasserstoff, Kohle, Stickstoff und oft Schwefel), Fetten (Hauptbestandteil der Fette sind Fettsäuren, die aus Wasserstoff, Kohle und ein wenig Sauerstoff gebaut sind, z. B. Stearinsäure), Kohlenhydraten (aus Wasserstoff, Kohle und relativ viel Sauerstoffatomen gebaut, z. B. Glukose) und aus verschiedenen Mineralien und aus Verbindungen der oben genannten Bestandteile aufgebaut. Um Organismen am Leben zu erhalten, müssen diese die Nahrung, aus der sie auch selbst bestehen, ihrer Umgebung entnehmen und als Energiequelle nutzen.

Für die ältesten Organismen unserer Erde stellten Wärmeenergie der Erde und Energie aus Methan und Schwefelverbindungen die Energiequelle dar. Die Bausubstanz der Organismen bestand aus Eiweißverbindungen aus warmem Meerwasser. Der Informationsträger war die Ribonukleinsäure, die wahrscheinlich aus kühlen, vereisten Gebieten unserer Erde stammte. Diese Organismen leben bis heute in den Tiefen des Ozeans.

Für die Pflanzen stellt Sonnenenergie die Energiequelle dar. Mit Hilfe der Sonnenenergie bilden sich während der Photosynthese aus Kohlenstoffdioxid und Wasser Kohlenhydrate. Diese stellen in verschiedenen Formen und Verbindungen mit Mineralsalzen die Bausubstanz (Cellulose), den Energievorrat (Stärke), aber auch das Substrat der Produktion von Proteinen und Fetten dar.

Tiere besitzen diese Fähigkeit nicht. Sie gewinnen ihre Energie und ihre Bausubstanz hauptsächlich aus anderen Organismen, indem sie sie an ihre Bedürfnisse anpassen und sie über das Verdauungssystem in ihren Körper eingliedern.

Es gibt einen weiteren Unterschied zwischen Tieren und Pflanzen. Tiere besitzen die Fähigkeit sich selbstständig fortzubewegen. Diese Fähigkeit wird bestimmt durch die Elastizität der Gewebe (Fett-, Protein- und Mineralsalzverbindungen bestimmen die Elastizität).

Dadurch wird es für tierische Organismen möglich, sich auch auf häufig längeren Distanzen selbstständig fortzubewegen.

Die während hunderten Millionen von Jahren der Evolution entstandene Pflanzen- und Tierwelt ist sehr vielfältig. Das Leben jedes Individuums hat die gleichen Rechte auf der Erde zu existieren.

Jedes Individuum ist nicht in Isolation entstanden und jedes Individuum lebt in immer wieder wechselnden Ökosystemen.

Die Urvorfahren des Menschen, der sich durch seine aufrechte Körperhaltung von anderen Organismen unterschied, tauchten schon vor ca. 6–7 Millionen von Jahren auf. Sie waren Nachfolger der Säugetiere, die schon in der Zeit von Dinosauriern (Trias) vor ca. 200 Millionen Jahren existierten.

Hominiden (z. B. der Homo Erectus), für die ihr großes Gehirn charakteristisch war, benutzten einfaches Arbeitswerkzeug, später auch Feuer. Sie tauchten vor ca. 2–3 Millionen Jahren in Afrika auf. Einige Zeit später breiteten sie sich auf allen Kontinenten außer Amerika aus.

Der denkende Mensch (Homo Sapiens) tauchte vor ca. 100 bis 60 Tausend Jahren zuerst in Afrika auf. Langsam besiedelt auch dieser alle Kontinente, indem er entlang der Meere und Flüsse wanderte. Gleichzeitig verdrängte er seinen Vorgänger, den Homo erectus, aus den durch ihn besiedelten Territorien, indem er sich besser an sogenannte Ökonischen anpasste.

Die menschliche Zivilisation, das heißt das Leben in größeren Gemeinschaften, entstand erst vor ca. 10 000 Jahren nach der letzten Eiszeit im Nahen Osten.

In dieser Zeit haben die Menschen die Welt beherrscht; sie haben nicht nur Pflanzen- und Tierwelt sich unterordnen lassen, sie haben auch angefangen über die Kräfte und Rechte der Natur zu entscheiden.

Zwar ist die mittlere Lebenserwartung der Menschen in Industrieländern gestiegen, jedoch sinkt diese in den sogenannten Dritte Welt Ländern stetig. Die Lebensqualität der Menschen sogar in den reichen Ländern, in denen viele Krankheiten gut kontrolliert werden, lässt trotz dessen zu wünschen übrig. Die Kosten des Gesundheitssystems steigen in so einem schnellen Tempo, sodass die Gesundheitssysteme, auch reicher Länder, trotz vieler Reformproben vor dem Zusammenbruch stehen. Über die Kosten im Bereich der natürlichen Umwelt, über die Gefahr von neuen Krankheiten, über die mit der Technologie im Bereich Biologie, Landwirtschaft etc. zusammenhängenden Risiken will ich lieber nicht nachdenken.

Frage: Können wir, so wie die Natur es seit Millionen von Jahren immer wieder schafft, die immer größer werdenden Probleme lösen?

Kommen wir erst zu unseren Urvorfahren zurück. In der Tierwelt nehmen die Tiere ihre Energie und Bausubstanz auf, indem sie andere Organismen verspeisen. Sind es Pflanzen, so nennen wir sie Pflanzenfresser; sind es andere Tiere, so nennen wir sie Fleischfresser; nehmen die Tiere sowohl Pflanzen, als auch andere Tiere auf, so sind es Allesfresser.

Der menschliche Organismus ist in der Lage sowohl tierische, als auch pflanzliche Produkte aufzunehmen und zu verarbeiten. Er ist aber nicht in der Lage durch die Aufnahme ausschließlich pflanzlicher Produkte seine Gewebe aufrechtzuerhalten. Fleischfresser besitzen die Fähigkeiten nicht manche Aminosäuren und Fette, die sogenannten Exogene (z. B. die Aminosäure Taurin oder Omegafette) zu produzieren. Auch der menschliche Organismus ist nicht fähig die Stoffe zu synthetisieren. Wir werden deshalb gezwungen, diese Stoffe in Form von tierischen Produkten aufzunehmen oder diese außerhalb des menschlichen Körpers zu synthetisieren und sie dem Körper in Form von künstlicher Nahrung (Ersatznahrung) zuzuführen. Folglich muss ein Mensch Tiere und Pflanzen töten, um wie ein Tier zu leben. Der christliche Glaube besagt jedoch „töte nicht" und „liebe deinen Nächsten wie dich selbst".

Um diese Ratschläge wenigstens teilweise zu befolgen, sollten wir so wenig wie möglich töten, aber wir müssen schließlich töten, um zu überleben. Wir müssen genügend töten, um gesund zu bleiben, um uns fortzupflanzen, damit unsere Nachkommen gesund sind und damit wir unsere Lebensziele verwirklichen können und möglichst spät, nachdem wir unsere Kräfte ausgeschöpft haben, friedlich sterben können.

Damit wir diesem Ziel näher kommen können, sollten wir feststellen, wie viel Energie und Bausubstanz unser Körper braucht. Der Verbrauch unseres Körpers hängt von vielen Faktoren ab. Er hängt vor allem vom Alter des Menschen, vom Arbeitsablauf (körperliche oder mentale Anstrengung) und von der Umgebung/vom Klima ab.

So sollte ein erwachsener Mensch, der im Büro (mental) arbeitet, der im mittleren Klima lebt, ca. 2500 kcal zu sich nehmen, um gesund zu leben und richtig zu funktionieren. Einen Teil der Energie benötigt der Körper, um die Menge von Substanzen wie Proteine, Fette und Kohlenhydrate im Gewebe aufrecht zu erhalten. Der andere Teil der Energie wird genutzt, um die Körpertemperatur konstant zu halten (der menschliche Körper ist ein gleichwarmer Organismus), um sich fortzubewegen und auch, um wichtige Substanzen zu verarbeiten und zu resorbieren, um diese in die Gewebe einzugliedern (beim erwachsenen Menschen ist es nur der Umbau) und um Abfallprodukte durch die Verdauung auszuscheiden.

Reichen nur Energie und Bausubstanz in Form von Pflanzen und/oder Tieren für unseren Körper aus? NEIN!

Um die wichtigen Energiestoffe aus Teilen der Pflanzen oder/und Tiere zu gewinnen, braucht unser Körper Sauerstoff aus der Atmosphäre. Dieser wird dem Körper durch energieaufwendige Arbeit der Atemwege und des Kreislaufs zugeführt.

Unsere erste Zusammenfassung:

Sowohl Tiere als auch Pflanzen besitzen verschiedene Mengen an Kohlenhydraten, Proteinen und Fetten in ihrem Körper. Diese Stoffe können für die Bausubstanz oder als ihre Energiequelle genutzt werden.

Schauen wir genauer auf die drei Stoffklassen und ihre Umwandlung in Energie, ihren Sauerstoffverbrauch, wie viel Energie und wie viel Abfallprodukte diese produzieren.

- **Kohlenhydrate:** bei der Verbrennung gewinnen wir aus 1 Gramm ca. 4 kcal Energie. Während der Verbrennung werden relativ wenige Sauerstoffmoleküle verbraucht, da Kohlenhydratmoleküle sauerstoffreich sind. Nach der Verbindung mit Sauerstoff zerfällt das Produkt in Energie, Wasser und Kohlendioxid. Einen Überfluss an Abfallprodukten, Wasser und Kohlenstoffdioxid veratmet oder verdampft (schwitzen) der Körper durch die Haut. Der Körper kann auch Kohlenhydrate (Glukose) ohne Sauerstoffzufuhr verbrennen, allerdings ist die energetische Bilanz nicht so günstig und entstehen dadurch mehr Abfallprodukte (Milchsäure).

- **Proteine:** bei der Verbrennung gewinnen wir aus 1 Gramm ca. 4,6 kcal, also etwas mehr. Während der Verbrennung werden etwas mehr Sauerstoffmoleküle verbraucht. Die Abfallprodukte sind etwas schwerer zu liquidieren. Außer Wasser und Kohlendioxid entstehen zusätzlich Stickstoffverbindungen, z. B. Harnstoff, Harnsäure und auch oft schwefelhaltige Substanzen. Diese Abfallprodukte gelangen vorwiegend durch die Nieren zusammen mit dem Urin aus dem Körper.

- **Fette:** sie sind der energiereichste Stoff. Bei der Verbrennung (zusammen mit Glukose als Katalysator) gewinnen wir aus 1 Gramm ca. 9 kcal. Während der Verbrennung werden viele Sauerstoffmoleküle verbraucht, da in der Struktur des Fettes weniger Sauerstoff als in den Kohlenhydraten vorhanden ist. Als Abfallprodukte der Verbrennung entstehen genau wie bei den Kohlenhydraten Wasser und Kohlenstoffdioxid.

Man sieht also wichtige Unterschiede zwischen den oben genannten Substanzen.

Es scheint, als wären Proteine die unpassendste Energiequelle. Diese sind zwar energiereicher als Kohlenhydrate, aber während ihrer Verbrennung entstehen stickstoff- und schwefelhaltige Verbindungen. Diese Stoffe haben eine toxische Wirkung auf den Körper und sind schwer abzubauen und auszuscheiden (teilweise durch die Atemwege und Leber, hauptsächlich durch die Nieren).

Bei der Verbrennung von Kohlenhydraten und Fetten entstehen Wasser und Kohlendioxid als Abfallprodukte. Diese Substanzen sind für einen gesunden Körper leicht ausscheidbar und haben kaum toxische Wirkung.

Wir verbrauchen bei der Verbrennung von Fetten zwar mehr Sauerstoff, aber gewinnen gleichzeitig mehr Energie als bei der Verbrennung von Kohlenhydraten.

Ein weiteres Problem ist der Transport der oben genannten Substanzen in unsere Zellen.

Das unserem Körper am häufigsten zugängliche Kohlenhydrat ist die Stärke. Diese wird mit Hilfe des in unserem Speichel vorkommenden Enzyms, Speichelamylase und später des im Magen vorkommenden Enzyms, Magenamylase in Glukose umgewandelt. Glukose wird auf dem Wege aktiven Transports aus dem Licht des Dünndarms ins Blut übertragen. Von dort aus versorgt sie den ganzen Körper. In einen Teil unserer Zellen, z. B. rote Blutkörperchen oder Hirnzellen, gelangt Glukose direkt. Um aber auch in andere Zellen zu gelangen, ist Glukose auf ein Hormon, das in der Bauchspeicheldrüse produziert wird, das Insulin, angewiesen. Glukose kann in Form von Glykogen in Muskeln und in der Leber gelagert werden, als Vorrat für erhöhten Bedarf in der Zukunft oder für Hungerzeit. Muskeln bzw. Leber können bis zu 500 g lagern. Das entspricht einem Energievorrat von bis zu 2000 kcal. Ein großer Abfall bzw. Anstieg der Blutzuckerwerte verursacht in kurzer Zeit bedeutende, lebensbedrohliche Störungen. Der normale Blutzuckerwert bei Erwachsenen im nüchternen Zustand liegt bei 75–110 mg%. Der Abfall der Zuckerwerte unter 40 mg% verursacht hypoglykämische Krisen in Form von Zittern, Heißhunger, oft Magenschmerzen und Bewusstlosigkeit. Sind die Zuckerwerte bis in den Hunderterbereich angestiegen (400–500 mg%), verursacht das erst mal Müdigkeit, allgemeine Schwäche und später ein Zuckerkoma. Eine häufige oder lang andauernde Erhöhung der Blutzuckerwerte, z. B. Diabetes oder PreDiabetes (hoher Anstieg der Zuckerwerte nach den Mahlzeiten) verursacht eine Beschädigung der inneren Organe, z. B. grauer Star (Trübung der Linse), Polyneuropathie (Beschädigung der Axone/Nerven), Angiopathie (Beschädigung der Schlagadern), Nephropathie (Nierenschaden). Beim Überschreiten der sogenannten Gewebegrenzwerte geht die Glukose in den Urin (Glukosegrenzwert der Niere liegt bei 180 mg%), in den Speichel und auf die Schleimhaut und Haut über. Dies verursacht ein erhöhtes Wachstum an Mikroorganismen, für die die Glukose die perfekte Nahrungsquelle darstellt. Für Verbrennung der Glukose innerhalb der Zelle benötigen wir spezifische Proteinenzyme, für deren Wirkungsweise eine Vielzahl von Mineralsalzen und Vitaminen, vor allem B-Vitaminen, benötigt wird. Im Fall eines langfristigen Aufenthaltes von Glukose im Übermaß im Körper wird sie durch Katalysatoren von bestimmten Enzymen in Fett umgewandelt (hauptsächlich Triglyceride). Bei diesem Vorgang werden 10 % der Energie allein innerhalb des Austauschprozesses verbraucht.

Proteine werden hauptsächlich durch Magen- und Bauchspeicheldrüsenenzyme verdaut, deren Mangel im Zustand der Körperbeschädigung zur Störung der Resorption führt. Die bei dem Vorgang der Verdauung entstehenden Aminosäuren werden resorbiert und zur Leber und anderen Geweben transportiert und als Bausubstanz verwendet. Sind Proteine im Übermaß vorhanden bzw. mangelt es an anderen Energiequellen, so können sie in Glukose und Stickstoff- und Schwefelverbindungen umgewandelt werden und als Energiequelle genutzt werden. In manchen Situationen auf dem oben genannten Weg auch in Fette umgewandelt.

Der Vorgang der Verdauung und Resorption von Fetten ist nur mit Hilfe von Lipase, die in der Bauchspeicheldrüse produziert wird, und deren Emulgation (Zerlegung in Mikroteilchen) durch Galle möglich. Galle ist eine fettreiche Flüssigkeit, die in der Leber hergestellt wird und in der Gallenblase gelagert wird. Die resorbierten Fettsäuren werden in den Darmwänden und in der Leber mit Proteinsubstanzen zu sogenannten Lipoproteinen gebunden und durchschwemmen den gesamten Körper mit Hilfe des Blutes. Sind diese im Überfluss im Körper vorhanden, so werden sie im Fettgewebe gelagert. Das Fettgewebe dient bei Tieren und Menschen als Isolation (schützt den Körper vor Wärmeverlust) und vor allem als große Energiereserve für Hungerzeiten. Auf diese Weise können wir, verglichen zu den Kohlenhydraten, eine fast unbegrenzte Menge an Fetten lagern. Obwohl der Schaden beim Anstieg des Lipidspiegels (Fette) im Blut im Vergleich zu Kohlenhydraten (Zucker) begrenzt ist (die Norm der Lipide im Blut liegt bei ca. 400 mg%), so gibt es Fälle (ich habe solche Fälle getroffen), bei denen der Wert auf bis zu 7–8 tausend mg% liegt. In diesen Fällen hat der Patient mit nicht allzu großen Einschränkungen und ohne Lebensbedrohung funktionieren können. Häufig geht Fettleibigkeit mit diesen Fällen einher. Dies verursacht eine zusätzliche Belastung der Wirbelsäule und der Gelenke und ist oft mit sogenannter visceraler Adipositas (übermäßige Fettablagerung im Bauchbereich). Die Folgen davon sind Erschwerung der Arbeit der inneren Organe (Leber, Bauchspeicheldrüse, Magendarmtrakt, Lunge, Kreislauf), Bluthochdruck und Diabetes.

Zusammenfassend: Brauchen wir viel Energie ohne den Körper (menschlich und tierisch) überflüssig zu belasten, so ist die beste Energiequelle das Fett.

Aber ist das in allen Fällen zutreffend?

Kapitel II

Pflanzen bestehen hauptsächlich aus Kohlenhydraten (Cellulose in Blättern, Stängel oder Spross, Stärke in Körnern), in geringerem Maße aus Proteinen und in sehr kleinem Maße aus Fetten, die hauptsächlich in Saat vorhanden sind. Sie stehen als riesigen Energievorrat beim Vorgang des Keimens und Wachstum junger Pflanzen zur Verfügung. Pflanzliche Nahrung enthält viele Nährsalze und Vitamine aus allen Vitamingruppen. Sie ist aber in den meisten Fällen schwer verdaulich und kalorienarm.

Tiere bestehen hauptsächlich aus Proteinen und Fetten. Nahrung tierischer Herkunft enthält eine bedeutende Menge an Mineralsalzen und Vitaminen. Diese unterscheiden sich jedoch deutlich von denen der Pflanzen.

Pflanzen- und Fleischfresser

Der Unterschied von Pflanzenfressern zu Fleischfressern liegt nicht nur im Erwerb oder Verzehr der Nahrung (z. B. Krallen und Zähne), er liegt auch in den unterschiedlichen Funktionsweisen des Verdauungssystems und dem Typ der Verdauung. Aus diesem Grund haben Pflanzenfresser ein sehr ausgeprägtes Verdauungssystem (z. B. die riesigen Mägen der Wiederkäuer: die Kuh hat einen Magen, der aus vier Kammern besteht), andererseits müssen sie den Großteil ihres Lebens mit dem Erwerb ihrer Nahrung verbringen (die Kuh auf der Weide, der Koala auf dem Baum etc.). Die Fleischfresser hingegen, die in der Natur leben, vergeuden zwar mehr Zeit bei der Beutesuche, dafür brauchen sie vergleichbar weniger Zeit, um sie zu töten und zu verzehren. Das Zerkleinern und das Verdauen verläuft relativ schnell und bringt recht viel Energie mit, was eine deutlich längere Pause für das Ausruhen zwischen den Mahlzeiten erlaubt.

Allesfresser

Allesfresser sind in der Lage Nahrung sowohl pflanzlicher als auch tierischer Herkunft aufzunehmen und als Energiequelle zu nutzen. Man beobachtet bei Hunden und Wölfen ein periodisches Verzehren von Spitzen des Grases. Dies machen sie aber nicht zu energetischen Zwecken, sie nutzen die Pflanze als Abführmittel oder als Quelle der Mikroelemente. Einige pflanzenfressende Fische späteren Alters (z. B. Brasse) nehmen ihre Nahrung in ähnlicher Weise auf. Sie verzehren Produkte tierischer Herkunft, die für sie keinen energetischen Zweck erfüllen.

Ein typischer Allesfresser, der in der Evolution dem Menschen am nächsten ist, der im warmen bis mittleren Klima lebt, ist der Affe. In der Natur ernährt er sich von jungen Pflanzen, Früchten, Wurzeln, aber auch von Insekten, Larven und anderen Nahrungsmitteln tierischer Herkunft.

Vergleich zwischen Mensch und Tier

Wenn wir die Tatsache nicht außer Acht lassen, dass der menschliche Körper nicht in der Lage ist, einige Amino- und Fettsäuren (exogene) zu synthetisieren, die in Pflanzen nicht vorkommen, aber für den Körper unersetzbar sind, so können sogar die größten Fürsprecher des Vegetarianismus nicht behaupten, dass ein Mensch, der in natürlicher Umgebung lebt, nur Pflanzenfresser sein kann. Natürlich kann der menschliche Körper, der eine Reserve an tierischen Produkten, die er früher verzehrt hat, über längere Zeit ohne tierische Proteine auskommen. Jedoch ist dieser nicht in der Lage, seine Nachkommen ausschließlich von pflanzlicher Nahrung zu ernähren. Der Mensch muss also zumindest teilweise Fleischfresser sein.

Der Grad der Ausbreitung der Menschenart in verschiedenen Ökosystemen verursacht, dass einige gezwungen sind einen Großteil des Jahres sich ausschließlich von Tieren zu ernähren (Eskimos in Kanada, Lappländer im Norden Skandinaviens oder auch Menschen, die hohe Berggebiete bewohnen).

Das Genom, das heißt, das genetische Material des modernen Menschen, unterscheidet sich zwar nicht bedeutend von unseren ausgestorbenen Vorfahren und großen Menschenaffen (z. B. Homo neandertalensis oder Schimpanse). Es hat aber seine Erfahrungen kodiert, die es in den hunderten Millionen von Jahren seines Lebens auf der Erde (vielleicht auch außerhalb) durch die Natur gesammelt hat.

Das Genom erlaubt uns, sich dem Leben in unterschiedlichen Ökosystemen anzupassen. Auf diese Weise konnte der menschliche Organismus die mit der Eiszeit zusammenhängenden Klimaveränderungen, Vulkanausbrüche oder den Aufprall der Meteoriten überleben.

Blicken wir jedoch auf Veränderungen der letzten 10 000 Jahre, hauptsächlich der letzten 200 Jahre, so erkennen wir, dass diese so radikal sind, dass sogar eine große Plastizität unseres Genoms unzureichend ist, um diesen Veränderungen Stand zu halten. Natürlich gibt es Menschen, deren Begabung, sich anzupassen, größer ist, während bei anderen diese kleiner ist und sie daher eher erkranken und früher sterben lässt.

Erlauben das unsere Spiegelneuronen und die menschliche Ethik als Produkt der Zivilisationsvorgänge?

Beobachten wir die Errungenschaften der modernen Antropo-Paläontologen über die Evolution des Menschen, so fallen uns wichtige Etappen in der Entwicklung des Menschen auf:

- Vor 6–7 Millionen Jahren wurde in Afrika der aufrechte Gang bei affenähnlichen Vorfahren der Menschen beobachtet. Die Klimaveränderungen, der Wälderschwund und die Versteppung riesiger Flächen bewirkte das stufenweise Befreien der Hände, die früher im Dickicht der Wälder Fortbewegungswerkzeug waren. Diese verkleinerten sich nicht wie beim Känguru, sie entwickelten sich zum besten Werkzeug der Menschen.
- Vor ca. 2–3 Millionen Jahren gab es schon Hominiden (Menschenähnliche). Sie charakterisierten sich durch ihr vergrößertes Hirnvolumen. Sie nutzten Werkzeuge aus Holz und Stein zur

Nahrungsgewinnung. Es ist nicht ausgeschlossen, dass sie dadurch Zugriff zum Inneren der Knochen erlegter Savannentiere und damit zu sehr energiereicher Nahrungsquelle gewannen.

- Das Beherrschen und Nutzen von Feuer wurde zur Verteidigung und Zubereitung von Nahrung vor –2 Millionen Jahren vom Urmenschen eingesetzt. Dadurch konnte der Urmensch ungünstige Umweltbedingungen (niedrige Temperaturen) überdauern und immer mehr neue, bis dahin nicht erreichbare Ökonischen nutzen (siehe Homo erectus in Eurasien).
- Vor etwa 60–100 tausend Jahren entstand in Afrika der Homo sapiens sapiens, der eine große Intelligenz aufweist. Er wanderte aus Afrika aus und bewegte sich entlang der Ozean- und Meeresküsten. Er eroberte Schritt für Schritt alle Kontinente. Sein Körperbau unterschied sich erheblich von dem seiner im Wald zurückgelassenen affenähnlichen Vorfahren. Die Körperbehaarung ist verschwunden, das Fettgewebe hat sich ausgebaut. Der Homo sapiens sapiens hat ein großes, hauptsächlich aus Fett bestehendes Gehirn und kann von Geburt an schwimmen. Er erinnert an intelligente Säugetiere, wie Wale und Delfine. Man kann daraus schließen, dass unsere Gattung und eventuell auch derer direkte Vorfahren sich über mindestens zehntausende wenn nicht hunderttausende Jahre an den Grenzen des Wassers (z. B. damaliger tektonischer Graben Ostafrikas) entwickelte. Dank Nutzung der Werkzeuge, z. B. Steine mit scharfen Kanten, hat der Mensch Zugriff zu protein- und fettreichen Nahrungsquellen (Muscheln und viele Krustentiere), hat Gelegenheit Tiere beim Schwimmen zu beobachten und manchmal auch mitzuschwimmen (laut einer Theorie ist der Mensch mit Mammutelefanten von Nordafrika übers Mittelmeer nach Südeuropa geschwommen.

Nach der Ausbreitung der menschlichen Art praktisch auf der ganzen Erde und Vertreibung bzw. Ausrottung anderer Menschenarten (Homo erektus in Asien und Homo neandertalensis in Europa) ändert sich sozusagen die Organisationsform des Homo sapiens sapiens. Bis dahin lebt dieser Mensch in kleinen circa 20 Individuen zählenden Gruppen. Da er sich aber nicht mehr weiter ausbreiten kann, entsteht Konkurrenz zwischen den Sippen von Jägern und Sammlern. Die Konkurrenz wird immer stärker auch durch Klimaveränderungen herrscht Eiszeit. Der Erwerb der Nahrung wird schwerer. Der Meerwasserspiegel und der Freiraum des Menschen ändern sich drastisch. Während der Spitze der Eiszeit sammelt sich Wasser in Form vom Eis und Gletschern nicht nur an den Polen, was eine Absenkung des Meerwasserspiegels bis auf circa 100 Meter unter dem heutigen Stand bedeutete. Aus dem feuchten und fruchtbaren Boden der Sahara entsteht allmählich Wüste.

Vor etwa 10 000 Jahren endet die letzte Eiszeit. Der Meerwasserspiegel wächst auf den heutigen Stand. Die an der äußersten Grenze der Gewässer vorkommenden Nahrungsquellen schrumpfen (z. B. Krustentiere). Herden von am Land lebenden Tieren sind völlig ausgestorben oder nur stark begrenzt vorhanden (z. B. Mammut).

Der Großteil der Erdoberfläche wird mit Gras, dem Vorgänger des Getreides, bewachsen.

Die menschliche Zivilisation nimmt ihren Lauf. Es beginnt mit der Einhausung einiger Tiere (Kuh, Schaf, Ziege, Pferd etc.) und dem Sesshaftwerden einiger Gruppen. Die einen bauen Getreide, die anderen Pflanzen an und züchten Tiere. Die, die keinen großen Freiraum brauchen: Geflügel, Schweine etc.

Andere Gruppen (Hirte) wandern mit ihren Herden. Jäger und Sammler werden allmählich in unbrauchbare Gegenden weggedrängt. Anfangs geschieht es im Nordosten Afrikas und in Kleinasien, später auf der ganzen Welt.

Das Ende dieses etwa 10 000 Jahre andauernden Prozesses geschieht praktisch vor unseren Augen. Der sesshafte Lebensstil führt zur allmählichen Urbanisation, d. h. Verstädtung (z. B. Uruk im Gebiet des heutigen Irak), zum Eigentumsrecht, zur Beherrschung einiger Gruppen, zur Anhäufung von Kapital. Parallel dazu werden Pflichten geteilt, es wird zusammengearbeitet und es werden Kulturen gebildet. Im Nordosten Afrikas an der Sahara-Ostgrenze im Niltal und im Delta des längsten Flusses der Erde, dessen Quellen auf den Gebieten des ehemaligen tektonischen Bruchs Ostafrikas, entsteht vor ca. 5–6 tausend Jahren das Pharaonenreich. Zu ungefähr der gleichen Zeit gibt es schon mehrere Stadtstaaten und Reiche in Kleinasien. Dort herrschen auch mancherorts aufgrund der Nacheiszeiterwärmung paradiesische Lebensbedingungen. Dort kommt es wahrscheinlich aber zur großen Flut, als die in den Weltmeeren angesammelte Tauwassermasse Kleinasien und das Schwarzmeerbecken über den Bosporus überflutet. Noah aber, mit Gottes Hilfe, rettete die Menschheit und Tierwelt. Danach kommt Abraham und anschließend die großen monotheistischen Religionen. Griechenreich, Rom und andere Reiche folgen. Allmählich mit der Klimaerwärmung breitet sich das Wissen über Tierzucht und Anbau von Getreide, in Europa erst mal entlang der großen Flüsse Dnjepr, Don, Donau und Rhein. Die Notwendigkeit der Bewässerung zu trockener Gebiete und der Entwässerung derjenigen, die zu feucht für den Anbau von Getreide sind, erfordert ein Zusammenwirken von größeren Gemeinschaften. Herstellung von Werkzeugen und auch Waffen bewirkt Spezialisierung nicht nur einzelner Menschen, sondern auch größerer Gemeinschaften und gar Regionen, was wiederum den Handel antreibt. Im Mittelalter leben immer mehr Menschen in Städten und werden von Menschen aus ländlichen Gegenden mit Nahrung versorgt.

Der Prozess der Urbanisierung wird speziell im 19. und 20. Jhdt. unserer Ära immer drastischer. Es entstehen Städte mit hunderttausenden, sogar Millionen von Menschen. Es bilden sich Probleme in Bezug auf die Ernährung der Bewohner. Einerseits gibt es Probleme bei der Produktion und Lieferung, andererseits gibt es auch Probleme bei der Lagerung. Es werden hochverarbeitete Lebensmittel produziert, mit denen der Mensch bis dahin keinen Kontakt hatte (raffinierter Zucker, hoch gereinigtes Mehl).

Frage 1

Ist das menschliche Genom, das durch hunderte Millionen von Jahren kreiert wurde, im Stande sich diesen abrupten Veränderungen anzupassen? Und sogar wenn ein Teil der Menschheit in der Lage ist, erlauben es unsere Ethik, unser Glaube an Gott (liebe deinen Nächsten wie dich selbst), andere Menschen, die nicht in der Lage sind sich anzupassen, erkranken oder womöglich früher sterben zu lassen?

Frage 2

Wenn wir jedoch dieser Gruppe von Menschen helfen möchten, erlauben es uns die ökonomischen und ökologischen Umweltbedingungen und Ressourcen?

Unseren bisherigen Erfahrungen zufolge können wir auf beide Fragen keine direkte Antwort geben.

Die ökonomische Differenz zwischen bestimmten Teilen der Erde ist steigend (z. B. reicher Norden, armer Süden). Aber sogar die reichen Gesellschaften sind nicht in der Lage die Kosten im Bereich Gesundheit und die mit der immer größer werdenden Zahl von Älteren, Kranken und Behinderten zusammenhängenden Kosten zu tragen.

Frage 3

Ist das Altern der Gesellschaft und als Konsequenz der immer größer werdenden Kostenteil gerechtfertigt, eine immer kleiner werdende Zahl von jungen und gesunden Menschen belasten zu müssen?

Frage 4

Ist diese Situation ausgangslos?

Jeder Mensch würde gerne so lange wie möglich gesund und glücklich leben, sich am Nachwuchs erfreuen und die netten Seiten der Zivilisation nutzen.

Kapitel III

Kehren wir zu unserem Körper im gesunden Zustand zurück.

Unser Körper besteht aus ca. 65–70 % Wasser, ein paar Kilogramm Mineralsalzen, hauptsächlich Kalzium, Phosphor und Eisen, 0,5–1 Kilogramm Kohlenhydraten, die hauptsächlich einen Leber- und Muskelglykogenenergievorrat bedeuten.

Der restliche Körper besteht zu 50 % aus Proteinen und zu 50 % aus Fetten.

- Das Zellinnere unseres Körpers besteht vorwiegend aus Proteinbestandteilen (Strukturproteine, Enzyme), die Zellmembran jedoch besteht hauptsächlich aus Fetten;
- Einige Teile unseres Körpers bestehen vorwiegend aus Proteinen, z. B. Nieren, Muskeln, Knochen. Es gibt aber auch Teile, deren Hauptbestandteil Fette sind, z. B. Haut, Knochenmark;
- Einen großen Fettanteil haben auch Leber und Gehirn.

Eizellen und Spermien haben die größte Bedeutung hinsichtlich der Erhaltung der Gattung. Im Hinblick auf den menschlichen Körper und menschliche Zivilisation ist das Gehirn von größter Wichtigkeit. Die anderen Organe in unserem Körper sind zwar unersetzbar, haben aber eine dienende Funktion für das Gehirn.

Die Evolution führte dazu, dass unser Gehirn einen Schutz, den Schädel, der dieses umhüllt, bekam. Gleichzeitig begrenzt der Schädel den Raum für das Gehirn. Durch einige kleinere oder größere Öffnungen im Schädel kann das Gehirn (durch die Blutadern) mit Nährsubstanzen und Sauerstoff versorgt werden. Auch Ausscheidungsprodukte (Reste) können durch die Adern abgetragen werden. Eine Art Kommunikation mit anderen Organen und mit der Umgebung wird durch die peripheren Nerven und das Rückenmark möglich. Unsere „Zentrale“ (Gehirn) ist sehr anfällig für Sauerstoffmangel, Mangel an Nährstoffen und für toxische Mittel. Obwohl es nur ca. 2 % des Körpervolumens ausmacht, verbraucht das Gehirn 20 % des Sauerstoffs, den wir einatmen, und rund 25 % der Glukose, die mit dem Blut durch unseren Körper fließt.

Das Gehirn besteht aus Nervenzellen, den Neuronen, die in einem großen Netz der Axonen (Nervenfäden) zusammengehalten werden und aus den Gliazellen, die die Neuronen und Axonen mit Energie und Nährstoffen versorgen. Der Transport von Sauerstoff und Nährstoffen geschieht teils direkt vom Blut, teils folgendermaßen: Sauerstoff und Nährstoffe werden aus Blut durch die so genannte aktive Barriere in die Hirn-Rückenmarkflüssigkeit übertragen. Diese Flüssigkeit versorgt alle wichtigen Strukturen des zentralen Nervensystems.

Über die korrekte Versorgung und Funktion des Gehirns entscheiden viele Organe. Hauptsächlich ist es die Funktion der Atemwege (Versorgung mit Sauerstoff und Abführen von Kohlendioxid), des Magendarmtraktes (Versorgung mit Glukose und Nährstoffen), des Kreislaufsystems (Aufrechthaltung der Durchblutung des Hirns), der Leber und der Nieren (Entsorgung von toxischen Substanzen) und der endokrinen Organe, z. B. Schilddrüse, Thymus, Nebennieren (Anpassung an die Umweltbedingungen). In manchen Situationen kann es aber trotz der Bemühungen der oben genannten Organe zur Verschlechterung der Versorgung des Gehirns mit Sauerstoff und Nährstoffen kommen. Wann aber?

Stellen wir uns folgende Situation vor:

Wir sind gesund und satt, wir fühlen uns bestens, der Himmel ist blau und die Sonne scheint. Plötzlich kommt eine atmosphärische Front, es folgt ein Tiefdruckgebiet. Dadurch schwillt unser Körper an. Der Ring an unserem Finger ist schwer zu bewegen. Das heißt, wir schwellen nach außen an. Gleichzeitig bemerken wir, dass ein Luftnotgefühl kommt (unsere Atemwegswände schwellen nach Innen an, unsere Gefäße wergen enger) oder wir werden müde, manchmal nur schläfrig. Der Sauerstofftransport in unserem Körper wird erschwert (wir können sogar Atemnot verspüren).

Was geschieht mit unserem Gehirn?

Es kann nicht nach außen anschwellen, da unser Schädel dieses gefangen hält. Unser Gehirn schwillt demnach nach innen an und übt dadurch einen großen Druck auf unsere Blutgefäße aus. Dadurch wird die Versorgung unserer „Zentrale“ mit Sauerstoff zusätzlich erschwert. An diesem Beispiel sehen wir, dass unser Schädel, der eigentlich als Schutz dient, in einigen Situationen unsere „Zentrale“ in Schwierigkeiten bringt.

Welche Energiequelle (Fette, Proteine, Kohlenhydrate) ist in dieser Situation (schlechte Sauerstoffversorgung) die richtige?

Proteine bilden bei der Verbrennung toxische Abfallprodukte wie Harnstoff, Harnsäure und Schwefelverbindungen. Diese sind also das Falsche.

Um Fette zu verbrennen, benötigen wir viel Sauerstoff. Diesen haben wir in dieser Situation nicht, also sind sie auch das Falsche.

Zucker ist eine reine Energiequelle (keine toxischen Abfallprodukte), obwohl er bei der Verbrennung wenig Energie hervorbringt. Er benötigt bei der Verbrennung wenig Sauerstoff, da dieser im Stoff reichlich vorhanden ist. Folglich ist Zucker in dieser Situation die richtige Energiequelle.

Die Natur hat also Zucker als wichtigste Energiequelle für die „Zentrale“ gewählt. Unser Gehirn kann aber auch andere Substanzen als Energiequelle nutzen. Das sind z. B. Milchsäure oder Aceton/Ketone. Später berichte ich mehr darüber.

Unser Gehirn hat keine Energiereserven. Woher also kommt der Zucker?

Er kann aus der sogenannten Alokation, einer Art Reserve in den Geweben, stammen (z. B. Leber- oder Muskelglykogen). Wenn die Alokation versagt und der Blutzuckerspiegel sinkt, so wird ein Signal an den Körper gesendet. Dieses lautet: Du hast Hunger. Dieses Gefühl kennt bestimmt jeder von uns. Den Zucker für unsere „Zentrale“ müssen wir nicht nur in Form von Kohlenhydraten aufnehmen. Unser Körper kann Zucker auch aus Proteinen herstellen, aber muss die Abfallprodukte loswerden, z. B. den Harnstoff durch unsere Säuberungsorgane (Nieren, Atemwege und Haut). Im Notfall kann Glukose auch aus Fett hergestellt werden, indem Glycerolmoleküle, Bestandteile der Triglyceride (elementare Reservefette) in Glukose umgewandelt werden und dabei Fettsäuren freigelassen werden.

Man kann also behaupten, dass Kohlenhydrate (Zucker) die ideale Energiequelle für unsere „Zentrale“ (unser Hirn) sind. Aber sind Kohlenhydrate ideal für den Rest unseres Körpers? Wir haben viel Zeit unserer „Zentrale", unserem „Chef" gewidmet. Aber was ist mit dem Rest unseres Körpers?

Wir können uns unseren Körper als eine Ansammlung perfekt kooperierender Menschenzellen vorstellen. Davon gibt es ca. 10 Billionen! Diese Ansammlung lebt in natürlicher Umgebung, in der eine enorme Zahl an Organismen vorkommt. Es gibt Mehrzeller in Form von Parasiten. Hauptsächlich gibt es aber Einzeller, wie Bakterien, Pilze und Protozoen (Urzeller), die die Oberfläche der Schleimhäute und der Haut unseres Körpers besiedeln. Es gibt mindestens genauso viele fremde Einzeller wie eigene Zellen unseres Körpers. Manche Wissenschaftler behaupten, dass es mindestens zehnmal so viele sind (also die Gesamtzahl von den Mitbürgen ca. 100 Billionen beträgt). Sie unterscheiden sich durch ihre Größe (die fremden sind deutlich kleiner). Die größte menschliche Zelle, die Eizelle (1/4 mm) ist mit dem bloßen Auge zu erkennen, der Axon des Ischiasnervs (Lendenwirbelsäule bis Großzeh) ist zwar für das Auge nicht sichtbar, da sie so dünn ist, hat aber eine Länge von ca. 1m. Mikroorganismen haben eine Größe im Bereich der Mikronen. Sie haben aber vor allem einen deutlich schnelleren Stoffwechsel und können sich viel schneller fortpflanzen (sie brauchen lediglich Zugang zu Nahrung). Die größte Ansammlung von Einzellern in unserem Körper (den fremden) kann man im Dickdarm, in den Atemwegen und auf der Haut finden.

Kommen wir jetzt auf den Bau unseres Körpers zurück. Ca. 65–70 % unseres Körpers bestehen aus Wasser; der Rest besteht aus etwas Mineralsalzen, etwas Kohlenhydraten, vielen Proteinen und viel Fett (vielen Fetten). Die oben genannten Substanzen sind also in Wasser gelöst.

Lösen wir einige Substanzen in Wasser und sehen nach, was mit den Lösungen in Körpertemperatur und in natürlicher Umgebung passiert:

1. Mineralsalze in Wasser: Lange Zeit passiert nichts. Nach längerer Zeit färbt das Wasser grün. Erinnern Sie sich an Kohlendioxid, Sauerstoff und Sonneneinstrahlung plus zufällige Einzeller, z. B. aus der Gruppe des Planktons. Daraus bildet sich Biomasse;

dies dauert jedoch lange (siehe Beispiel: offengelassene Mineralwasserflasche).

2. Zucker in Wasser: Hier findet sich mit Sicherheit anfangs Pilz in Form von Hefepilz, dann fängt die Flüssigkeit an zu fermentieren (Weingeruch), ähnlich wie bei der Bierbrauerei oder bei der Herstellung von Wein. Schließlich findet sich und bildet sich auf der Oberfläche der stärkste aller Pilze, der Schimmelpilz.
3. Proteine in Wasser: Zuerst kommen sicherlich Bakterien, beginnt ein Fäulungsprozess (es stinkt einfach nach Fäulnis, schließlich bildet sich auch hier der Stärkste, der Schimmelpilz.
4. Fette in Wasser: Da Fett leichter als Wasser und hydrophob (wasserabweisend) ist, schwimmt dieses auf der Oberfläche und verbindet sich nicht mit dem Wasser. Fett fermentiert und verfault nicht. Es geht eine Verbindung mit Sauerstoff ein und wird fest (verliert seine Elastizität). Reines Fett bildet also keine Nahrungsquelle für Bakterien oder Pilze.

Beachtet man die obigen Ergebnisse, so kann man schlussfolgern, dass:

- Zucker eine ideale Energiequelle für das Gehirn ist, aber auch die potentielle Nahrung für Mikroorganismen/Fremdlinge darstellt.
- Proteine ein wichtiger Baubestandteil sind, aber auch eine gute Nahrungsquelle für Mikroorganismen/Fremdlinge sind.
- Fette kalorienreich sind, aber man viel Sauerstoff bei der Verbrennung benötigt. In Verbindung mit Sauerstoff werden Fette fest. Sie sind aber keine gute Nahrungsquelle für Mikroorganismen/Fremdlinge.

Was im Fall des Glukosemangels im Gehirn passiert, wissen wir schon:

1. Alokation
2. Suche-Finde-Esse-Prinzip

Aber was passiert, wenn wir ein Übermaß an Nahrung im Vergleich zu unseren Bedürfnissen haben?

1. Zu viele Kohlenhydrate bedeutet rasches Vermehren von Mikroben, was großes Risiko einer lebensgefährlichen Infektion heißt.
2. Zu viele Proteine haben eine ähnliche Auswirkung und ähnliche Gefahr wie bei Kohlenhydraten.
3. Zu viele Fette verursachen kein Risiko der unübersichtlichen Vermehrung der Mikroben/Fremdlingen. Es bleibt lediglich das Problem der Oxidation der Fette beziehungsweise des Festwerdens.

Unser Körper wählt die günstigere Alternative und wandelt Kohlenhydrate und Proteine in Fette um und dies bewirkt eine Gewichtszunahme und kann auch Atherosklerose (Fettablagerungen und Elastizitätsverlust in Gefäßwänden) verursachen. Es sei denn, er kann diese nicht umwandeln. In diesem Fall verbleiben diese im Körper und ernähren Mikroorganismen, durch die der Körper in eine lebensbedrohliche Lage gerät, da das Risiko besteht, dass sogenannte pathogene Keime (Bakterien, Pilze oder andere Einzeller) entstehen, die die Zellen unseres Körpers belagern, angreifen und zu töten versuchen.

Kommen wir noch einmal zum Wechsel des Wetters zurück, wenn sich ein Tief bildet, die Sonnenstrahlung abnimmt und der Himmel mit Wolken bedeckt ist.

Weniger Sauerstoff und Nährsubstanz im Gehirn verursachen 1) Alokation; 2) Hungergefühl, aber wenn man nichts nicht zu essen hat, verursacht das eine Verlangsamung des Stoffwechsels im gesamten Körper.

An dieser Stelle taucht erneut die Frage auf: Was haben unsere Vorfahren vor der Ära der Zivilisation gegessen?

Sie aßen periodisch auch Früchte von Wildbäumen und Büschen. Öfters aßen sie Nüsse, da diese über längere Zeit genießbar waren. Hauptsächlich ernährten sie sich aber von Produkten tierischer Herkunft wie Krustentiere, Fisch, Tierfleisch, Knochenmark etc. Man kann also sagen, dass sie vergleichsweise viele Proteine und Fette zu sich nahmen; im geringeren Maß Kohlenhydrate, da diese umso kälter und dunkler es wurde, schwerer zugänglich waren.

Die Nahrung haben sie selbstständig ergattert. Sie waren also in ständiger Bewegung. Gerade wenn es kalt und dunkel wurde, gab es weniger Nahrung. Deshalb passte sich deren Stoffwechsel an diese Umstände an und wurde zu den kalten Jahreszeiten langsamer. Sie fielen wie viele Tiere in Lethargie (eine Art Winterschlaf bei Tieren, die im Norden leben, z. B. Bären), oder in den Hungerschlaf (aufgrund des Nahrungsmangels in der Region des Äquators).

Die jedoch, die in dieser Zeit Nahrung hatten oder finden konnten, hatten klaren Vorteil gegenüber den „Schlafenden". Sie konnten sich stärken, vermehren und neue Territorien erobern.

Anhand von Beobachtungen an Wölfen und anderen Greiftieren ist bekannt, dass die Nahrungserreichbarkeit über deren Zahl (Population) entscheidet. Der Zustand der Pflanzenwelt entscheidet über die Population der Pflanzenfresser und die wiederum über die Population der Fleischfresser.

Kommen wir zur Diät unserer Vorfahren zurück. Wir fragen uns, ob diese für unser über Millionen von Jahren wachsendes Gehirn geeignet war?

Beachten wir, dass in der Ruhephase in der Nacht ein Kind wächst und ein Erwachsener seinen Organismus umstrukturiert (regeneriert), so erkennen wir, dass in dieser Zeit ein Austausch von alten beschädigten Proteinen und strukturell abgenutzten Fetten in neue stattfindet. Alte Proteine werden in Glukose und Harnstoff, alte Fette teilweise auch in Glukose umgewandelt. Dies verursacht die Erzeugung und Vervollständigung ihres Vorrats (Glukoneogenese). Das Phänomen ist vielen Diabetikern bekannt. Messen sie den Blutzuckerspiegel abends vor dem Schlafengehen und morgens direkt nach dem Aufstehen, so ist der Blutzuckerspiegel morgens höher als am Abend, ohne dass man nachts etwas gegessen hat. Man kann sagen, dass ein Mensch, der sich richtig ernährt, morgens aufwacht und sich erholt und regeneriert fühlt und einen Vorrat an Energie für den nächsten Tag zur Verfügung hat. Dies erinnert an den Wolf, der ein Reh tötet, dieses aufrisst, einschläft, verdaut, sich während des Schlafs regeneriert, einen Energievorrat bildet, um nach dem Aufstehen sein Revier zu erkunden und ein Sozialleben zu führen. Solange der Wolf keinen Hunger hat, greift er auch nicht an. Ein Gegenteil stellt die Kuh dar, die den ganzen

Tag auf der Weide isst und nachts zerkaut. Hier der Unterschied: Der Wolf hat nur einen Magen wie auch der Mensch, die Kuh hat vier Mägen; der Wolf hat einen ca. 1,5 m langen Darm, die Kuh hat einen Darm von über 50 m Länge. Wem ähnelt der Mensch mehr? Spätestens jetzt ist es jedem klar.

Die Zivilisation ändert einiges. Die Menschendichte nimmt stark zu, die Ernährung und der Lebensstil änderten sich gerade in den letzten 200 Jahren sehr stark. Es tauchen Umweltprobleme auf, Verschmutzung der Luft und der Gewässer, Begrenzung der Bewegung, Vervielfältigung der hochverarbeiteten Produkte mit der Vermehrung der Kohlenhydrate in der Nahrung (Mehl, Zucker), teils auch der schnell aus Kohlenhydraten erzeugten Fetten, Triglyceriden, die im Körper praktisch zwei Funktionen haben, Energiereserve und Bildung einer Isolierschicht unter der Haut.

Von der einen Seite der Zivilisationsfortschritt, Verlängerung der mittleren Lebenserwartung, speziell in den reichen Ländern, von der anderen Seite die Disproportion des Lebensstandards (Hunger in der Dritten Welt und sogenannte Zivilisationserkrankungen: des Kreislaufsystems, Fettleibigkeit, Diabetes, Geschwülste und Atemwegserkrankungen) in den Industrieländern.

Organisationen, Wissenschaft und Gesundheitseinrichtungen probieren die ungünstigen Tendenzen auszugleichen oder wenigstens zu minimalisieren; größtenteils bis jetzt ohne Erfolg.

Die Kluft zwischen Arm und Reich dieser Welt wird immer größer. Die Kosten für die Erhaltung der Gesundheit wachsen sogar in den reichen Ländern und überbieten deren finanzielle Möglichkeiten.

Dazu kommen noch immer öfter Katastrophen (Überflutungen, Hurrikane), die mit der teils durch Industrialisierung verursachten globalen Erwärmung in engem Zusammenhang stehen.

Muss das so sein, schöpfen wir alle Möglichkeiten, die uns die Natur bittet, aus?

Gibt es vielleicht ein Panaceum für unsere Wehwehchen oder zumindest für eine Linderung und Minderung unserer Probleme?

Kapitel IV
Der Kern der Schale

Als ich Tiere in freier Laufbahn beobachtet habe, wurde ich darauf aufmerksam, dass ein ziemlich kleiner Teil trotz ungünstiger Lebensbedingungen, erkrankt oder an Krankheiten stirbt.

Als ich hauptsächlich Kinder behandelte, beobachtete ich Verhaltensweisen, die mich häufig staunen ließen. Heute betrachte ich diese als normal wirkende, zur Genesung führende Mechanismen.

Betrachten wir die größten Probleme der Zivilisation, so sehen wir an erster Stelle unter Berücksichtigung der Kosten und des frühen Todes:

1. Kreislauferkrankungen und die damit verbundenen Störungen des Verdauungssystems: Hyperlipoproteinämie, Diabetes, Fettleibigkeit
2. Geschwülste
3. Atemwegserkrankungen und Infektionen

Haben diese Erkrankungen einen gemeinsamen Nenner (eine gemeinsame Ursache)?

Gibt es ein universelles Medikament?

Fangen wir mit dem letzten Punkt an (3).

Die gegenwärtige Wissenschaft besagt, dass die Mikroben der Grund alles Schlechten sind. Diese wollen uns zerstören, über uns herrschen, uns auffressen. Mit einem Wort, man sollte sie töten mit Hilfe von Desinfektionsmitteln, Antibiotika, Serum. Die Möglichkeit der Vermehrung im Körper vorbeugen durch Mittel, die das Immunsystem stärken, wie Impfungen.

Haben Mikroben, wie wir Menschen, überhaupt ein Gehirn? Nein!

Sie vermehren sich dort, wo sie Nahrung finden und wo wir es ihnen gestatten. Auf der Haut wird es immer seltener, da wir um unsere Hygiene sorgen. Wir waschen uns, sonnen uns, stellenweise benutzen wir Desinfektionsmittel.

Dafür vermehren sie sich immer häufiger in unseren Atemwegen. Der Grund ist die Umweltverschmutzung, die immer längeren Aufenthalte in geschlossenen Räumen, der Mangel an Bewegung.

Der Schnupfen, der sich durch den Aufenthalt in kühler, feuchter Luft bildet, der eine natürliche Säuberung unserer Atemwege ist, ähnlich wie eine Dusche für die Haut, wird schlecht bewertet und als Krankheit angesehen.

Punkt 2

Es wurde festgestellt, dass in jedem, sowohl menschlichen als auch tierischen, Organismus, oftmals aufgrund genetischer Fehler oder Umweltfaktoren (Auswirkungen von chemischen Mitteln, Radiation, Mangel an Mikroelementen, chronische Entzündungen) sich tagtäglich Geschwülstzellen bilden.

Diese unterscheiden sich von den normalen Zellen dadurch, dass sie sich ununterbrochen vermehren und Signale des Körpers nicht wahrnehmen.

Sie haben verarmte Enzymstränge und einen schwachen Stoffwechsel. Geschwülste werden operativ behandelt, durch Radiotherapien und Chemotherapien, die die Geschwülstzellen töten. Die Hormontherapie hemmt die Vermehrung und die Immuntherapie stärkt die Widerstandskraft des Körpers.

Wir sollten uns folgende Frage stellen: Denken oder besitzen die Geschwülstzellen ein Gehirn? Oder vermehren sie sich dort, wo sie Nahrung haben und wo wir es ihnen gestatten!?

Betrachten wir die ganze Sache aus der Perspektive von Frau Hulda Clark. Als sie die Fluktuationen des elektromagnetischen Feldes der Ansammlung der Geschwülstzellen gemessen hat, behauptete sie, die Ansammlung würde der Fluktuation der sogenannten niederen

Organismen (Parasiten, z. B. Bandwürmer, die von noch niederen Organismen, wie Bakterien und Urtieren angegriffen werden) ähneln.

Oder die neueste Erkenntnis: Autofluoreszenz der Tumorzellen, besser gesagt deren Mangel. Laut Herrn Schmidt von der Berliner Charité: „Bevor eine Körperzelle sich sichtbar zur Tumorzelle entwickelt, gehen in ihr auf molekularer Ebene Prozesse vor sich, die die Autofluoreszenz beeinträchtigen."

Wir können den Verdacht erregen, dass ein Geschwülst eine Zelle unseres Körpers ist, die sich abgeändert und verfremdet hat und somit niederen Organismen, vielleicht sogar Einzellern, wie Bakterien, Urtieren und Pilzen ähnelt.

Punkt 1 und zugleich Gesellschaftsproblem Nummer 1

Sind Kreislauferkrankungen wie Bluthochdruck, Herzinfarkt, Schlaganfall, Atherosklerose, Diabetes, Hyperlipidämie, pathologische Fettleibigkeit verschiedene Krankheiten oder sind sie dieselben und unterscheiden sich lediglich anhand ihres Erscheinungsbildes?

Muss das Behandeln einer Krankheit zur Verschlechterung oder Neubildung einer anderen führen!? Müssen diese Erkrankungen zur frühen Körperbehinderung oder zum frühen Tod führen!?

Aus dem Blickwinkel eines Allgemeinarztes muss es eine feste Verbindung zwischen den oben genannten Erkrankungen geben:

1. häufig gehen Bluthochdruck, Diabetes, Atherosklerose, Herzinfarkt und Schlaganfall einher;
2. häufig verursacht die Behandlung einer Erkrankung, z. B. des Bluthochdrucks durch harntreibende Mittel, eine schnellere Bildung einer anderen Erkrankung, in diesem Fall von Diabetes.

Deren gemeinsamer Nenner könnte Arteriosklerose sein (Prozess der Verhärtung und Verengung der Arterien aufgrund übermäßiger Ansammlung von Cholesterin in deren Wänden/siehe oben: oxidierte Fette haben ihre Elastizität verloren).

Man kann jedoch viele fettleibige Patienten mit hohen Cholesterinblutwerten auffinden, die keine Symptome der Sklerose aufweisen.

Es existieren zwar Theorien, die besagen, dass Bakterien für den Arterioskleroseprozess verantwortlich sind. Diese Theorien wurden bis jetzt noch nicht vollständig bewiesen.

Blicken wir auf die Geschichte der Medizin, so erkennen wir, dass dieses Problem erst in der ersten Hälfte des 20. Jhdts. ein größeres Ausmaß angenommen hat.

Ist das immer häufigere Auftauchen von Arteriosklerose eine Ursache der wachsenden Lebenserwartung oder gibt es einen anderen Grund dafür?

Der medizinische Fortschritt der letzten 10–15 Jahre hat erwiesen, dass sie (Arteriosklerose) durch Einfluss einiger Medikamente zurückgehen kann.

Dabei handelt es sich um Blocker der Cholesterinsynthese, sogenannte Statine. Beobachtet man die letzten Stadien der Arterioskleroseentwicklung, die sogenannte Atherothrombose, die direkt zum Herzinfarkt oder Schlaganfall führt, so erkennt man, dass die Werte für Entzündungen im Blut steigen. Ähnlich sieht es bei Geschwülst- und Infektionserkrankungen aus. Bei Verwendung von Blockern der Cholesterinsynthese fallen diese Werte und die Arteriosklerose geht langsam zurück. Was Cholesterin ist, ist den meisten von Ihnen sicherlich bekannt.

Man stellt sich lediglich die Frage, woraus unser Körper Cholesterin synthetisiert, sodass er sich selbst dadurch Schaden anrichtet. Man fragt sich, wieso er auf diese Weise funktioniert.

Er hat doch ein Gehirn („Zentrale") und Gene, die während hunderten Millionen von Jahren der Evolution des Lebens auf der Erde Erfahrungen sammeln konnten.

Vielleicht ist er aber gar nicht so dumm, hat keinen anderen Ausweg und wählt das kleinere Übel. Vielleicht würde er ohne diese Vorgehensweise früher sterben müssen?

Nehmen wir an, dass nicht die Mikroorganismen für unsere Infektionskrankheiten verantwortlich sind, die Geschwülstzellen wollen uns nicht auffressen und unser Körper dachte sich die Arteriosklerose und das übermäßige Zunehmen aus, um uns vor noch größerem Übel zu bewahren.

Wo liegt der Grund?

Man kann sagen, dass die Zivilisation daran schuld sei!

Sie hat in den letzten 10 000 Jahren, speziell in den letzten 200 Jahren, zu radikalen Veränderungen unseres Lebensstils geführt. Was aber kennzeichnet konkret die Zivilisation? Was machen wir und was führt zu den Zivilisationserkrankungen?

Erstens:
Auf jeden Fall bewegen wir uns viel weniger als unsere Vorfahren. Zwar achten wir auf die Hygiene unserer Körperoberfläche, jedoch bleibt das Innere unseres Körpers, sagen wir, bestaubt. Daraus ergibt sich die Konsequenz, dass Sauerstoff in unser Gewebe und in unser Gehirn schlechter durchdringen kann.

Zweitens:
Durch den Sauerstoffmangel herrscht Energiemangel im Gehirn. Dadurch wächst die Alokation, das Auswandern der Glukose aus dem restlichen Körper gen Hirn, das Suche-Finde-Esse-Signal steigt.

Wir sind wie ein kleines Kind, das während des Aufenthalts in frischer Luft das Essen vergisst. Ist es aber in geschlossenen Räumen, so sucht es permanent nach Nahrung. Welche Art der Nahrung es wählt, wissen wir: Zucker. Dieser ist seit den letzten 200 Jahren immer häufiger in allen Variationen vorhanden. Es gibt ihn in gesäuberter Form, wie wir ihn aus der Zuckerdose kennen, in Form von Cola, Saft oder in Form von hochverarbeitetem Mehl, das zusammen mit menschlichem Speichel (Amylase) sich in Zucker verwandelt.

Die „Zentrale" ist zufrieden. Die Zuckerwerte und Glückshormone sind gestiegen!

Aber was ist mit dem Rest des Körpers?

Dieser vergammelt (es vermehren sich Mikroorganismen, Geschwülstzellen) oder bei größten Bemühungen des Körpers bildet sich Arteriosklerose und/oder er nimmt zu.

Über 50 % der Bevölkerung der Industrieländer leidet an Übergewicht, davon ein wichtiger Teil an pathologischem Übergewicht, und 25 % leiden an Bluthochdruck.

Ein steigendes Problem ist Diabetes, an dem ca. 10 % der Bevölkerung leidet.

Offiziell besagt die Wissenschaft, dass Fettleibigkeit der Grund für Bluthochdruck, Diabetes und auch viele Geschwülste ist.

Dies alles hat einen gemeinsamen Nenner (dieselbe Ursache): Sauerstoffmangel und Zuckerüberfluss in der Nahrung.

Einen etwas anders „Schuldigen" hat die offizielle Medizin schon vor einigen Jahren erfunden: Fett. Ein Teil der Ärzte, z. B. Robert Atkins in den USA, Wolfgang Lutz in Österreich, Jan Kwasniewski in Polen haben dem widersprochen, doch ohne größeren Erfolg.

Durch die Publikation von Michel Montignac über den glykämischen Index der Nahrungsmittel hat man anerkannt, dass der raffinierte Zucker eine „Teilschuld" hat. Der Rest der Kohlenhydrate mit geringem glykämischem Index (d. h. sie werden langsam resorbiert) wird akzeptiert.

Die Empfehlungen der Diabetologen lauten: 50 % der Energie sollte in Form von Kohlenhydraten, 15–20 % in Form von Proteinen und 30–35 % in Form von Fetten aufgenommen werden. Diese Werte sind unabhängig von Alter, Gesundheitszustand, Wohnort und Jahreszeit.

Wenn Sie abnehmen wollen und sollten, so vermindern Sie die Kalorienzahl und bewegen Sie sich mehr. Am kalorienreichsten ist Fett, also vermindern Sie die Aufnahme oder nehmen Sie Mittel, die seine Aufnahme in den Darm blockieren. So die offizielle Meinung.

Die Kalorientheorie wurde aus dem Labor direkt auf den Menschen übertragen, obwohl wir wissen, dass 1000 kcal Zucker als Ganzes im Körper bleiben (es sei denn sie werden bei z. B. einer bakteriellen Infektion, z. B. aufgeplatzter Hautabszess) verbraucht. Dagegen wird von 1000 kcal Alkohol ein großer Teil in wenigen Stunden durch die Atemwege, durch erweiterte Blutgefäße und durch Schweiß aus dem Körper entgleiten. Um Fett zu verdauen und um es zu resorbieren, muss es emulgiert werden. Fett wird mit einer großen Menge an Galle (Fett und Proteine), die in der Leber produziert wird, vermischt. Ein großer Teil der kalorienreichen Galle wird aber durch Cellulose und andere unverdauliche Teile der Nahrung gebunden und wird mit dem Kot entfernt.

Zu viel Zucker in der Nahrung ruft hervor, dass zu viel Zucker im Körper bleibt. Es sei denn, wir haben ihn in Form eines natürlichen Produktes wie Obst oder Gemüse aufgenommen. So ruft der Überfluss an Cellulose im Darm eine Reinigungsreaktion hervor.

Zu viel Fett in der Nahrung ruft auch bis zu einem gewissen Grad eine Reinigungsreaktion hervor. Wenn die Leber beschädigt ist (keine oder kaum Galle), bildet sich Fettkot, da das aufgenommene Fett dadurch nicht resorbiert werden kann.

Wissenschaftler behaupten, dass Fettleibigkeit, die Ihnen ermöglicht Hungerzeiten zu überleben, mit den Genen zusammenhängt.

Ja, aber Fettleibige können sich nicht so schnell fortbewegen (vor Feinden weglaufen), also sollten sie mitsamt ihrer Gene aufgefressen/getötet werden.

Die obigen Überlegungen führen zur Vorstellung einiger Nährstoffe in Form einer Pyramide, die von der offiziellen Medizin nicht anerkannt wird. Auf ihrem Gipfel befindet sich die am meisten toxische Substanz für den Körper: Zucker.

- Kohlenhydrate
- Proteine
- Fette

Bei einer übermäßigen Aufnahme einer den oben genannten Substanzen verbraucht der Körper in erster Linie die am meisten schädliche Substanz oder tauscht diese gegen eine weniger schädliche aus. Also, hat der Körper Kohlenhydrate oder Proteine im Überfluss vorhanden, so wandelt er diese in Fette um. Das heißt aber nicht, dass Fette an den Zivilisationserkrankungen schuld sind. Wenn der Körper diese Umwandlung nicht vollführen könnte, so würde dieser vergammeln und von Mikroorganismen aufgefressen werden.

Die Wissenschaftler sagen: Wenn Sie abnehmen wollen oder sollten, bewegen Sie sich mehr. Aber wie? Eine halbe Stunde täglich spazieren, Fitnessstudio, die Treppe steigen, anstatt den Fahrstuhl zu nehmen.

Dabei wird eines außer Acht gelassen: unsere Muskeln verbrauchen mehr Sauerstoff bei der Bewegung. Wie schon erwähnt, ist der Körper des zivilisierten Menschen hauptsächlich in seinen Atemwegen verunreinigt (eingeengt). Die Folge: noch mehr Sauerstoffmangel!

Und wieder ruft die „Zentrale“ nach dem nächsten Schub Energie (Zucker)!

Beobachten Sie Ihren Körper, wenn Sie sich in frischer, kühler Luft bewegst. Was passiert nach ein paar hundert Schritten? Zuerst werden Gesicht und Hände blasser. Der Körper hat die Atemwege und Blutgefäße zusammengezogen, um den Energieverlust zu begrenzen. Als nächstes wirkt Ihr Körper ermüdet. Sie bekommen Muskelkater (Sauerstoffmangel). Nach einer Weile spüren Sie, dass Ihre Nase läuft. Wenn Sie rauchen oder Ihre Bronchien verschmutzt sind, bekommen Sie Husten. Dein Körper reinigt sich und erweitert die Atemwege für einen besseren Sauerstoffzufluss. Nach einer Weile spüren Sie einen Wärmeschub; der Körper hat die Verbrennung aktiviert. Er fängt an, Sie schneller zu wärmen, die Atemwege und Blutgefäße erweitern sich, der Energieüberschuss wird nach außen geleitet. Sie erhalten Ihren „zweiten Atem“.

Die bis dahin geschlossenen sogenannten kollateralen Blutgefäße haben sich geöffnet. Der Sauerstoff umfließt alle Gewebe. Unsere „Zentrale“ produziert Glückshormone, die Beine werden schwerelos. Sie können gehen, laufen, ja fast sogar fliegen!

Mangel an Energie? Ist der Vorrat an Glukose in Form von Glykogen in den Muskeln ausgeschöpft? Sie verbrennen Fett: Triglyceride, übermäßiges Cholesterin, ohne weitere Probleme, da reichlich Sauerstoff in Ihrem Körper vorhanden ist.

So funktionierten unsere Vorfahren, und so sollten auch wir funktionieren. Dafür benötigt man aber Zeit bzw. eine Erwärmungsphase. Bei einem sportlichen Menschen beläuft sich die Erwärmungsphase auf ein paar Minuten. Bei einem unsportlichen oder sogar kranken Menschen beläuft sich diese Phase auf über 30–40 Minuten, erst dann erfolgt die Bewegung für Gesundheit,

Reinigung des Körpers von den Stoffwechselprodukten (Salzüberfluss durch Schweißdrüsen, Überfluss an Harnstoff durch Nieren, Überfluss an anderen toxischen Mitteln durch Leber und dann mit Kot). Ein Hund, der vor seiner Hundehütte liegt, uriniert selten und gibt fast kein Kot ab. Wird er aber freigelassen und bewegt sich, so passiert das sehr oft.

Folglich liefert Bewegung an frischer Luft nicht nur Sauerstoff. Zusätzlich wird der Körper gereinigt; die frische Luft ist ein unersetzliches Element unserer Hygiene. Der Sauerstoffvorrat, der während der „richtigen" Bewegung gespeichert wurde, erlaubt Fett zu verbrennen und auf diese Weise viel Energie frei werden zu lassen. Dies erklärt uns, warum wir nach einem kurzen Spaziergang oftmals Hunger haben, obwohl wir in der Leber, in Muskeln, unter der Haut und im Bauch große Energievorräte zur Verfügung haben. Unterdessen verspüren wir kein Hungergefühl bei einer großen körperlichen Anstrengung in frischer Luft. Wir möchten höchstens etwas trinken oder eine Kleinigkeit essen.

Was sollte man essen, wie sollte man sich ernähren?

Den bereits erwähnten Empfehlungen der gegenwärtigen Diätologen können junge, gesunde und schlanke, regulär sporttreibende, einen günstigen genetischen Code habende Menschen befolgen.

Aber was ist mit denen, deren Gene von dem Standard abweichen? Was ist mit denen, die aus irgendwelchen Gründen in einer bestimmten Entwicklungsphase sich nicht richtig ernähren/bewegen konnten? Was ist mit denen, die bereits zu dick oder krank sind?

Wie man in den letzten Jahren gesehen hat, brachte es keinen Erfolg sich an den Empfehlungen der Wissenschaftler, wie weniger Kalorien aufzunehmen, zu orientieren. Trotz Anstrengungen seitens Spezialisten und Psychologen gab es keine großen dauerhaften positiven Effekte.

Größere Erfolge erzielten diejenigen, die sich gegen die Wissenschaftler und die Empfehlungen der konventionellen Medizin stellten, in den USA/Amerika Robert Atkins (kohlenhydratarme Diät), in Polen/Europa Jan Kwasniewski (fettreiche Diät).

Welche Gemeinsamkeiten haben diese Diäten? Ein hoher prozentualer Anteil an Fett in der Nahrung verursacht eine höhere Produktion der Galle und gleichzeitig eine Verbesserung der Funktion der Leber (das Labor unseres Körpers). Weniger Kohlenhydrate heißt mit Sicherheit weniger Nahrung für Mikroorganismen. Deshalb sinkt das Risiko derer übermäßiger Vermehrung. Schon diese zwei Gründe führen dazu, dass die Menschen, die sich an die Diät halten, sich besser fühlen, häufiger abnehmen und ihr Übergewicht verlieren, genesen. Mit dieser Diät können wir nicht nur Zivilisationserkrankungen (Arteriosklerose, Fettleibigkeit, Diabetes) behandeln, wir können Erkrankungen, die ich bis jetzt noch nicht erwähnt habe, zu behandeln versuchen. Das sind Allergien, Autoimmunerkrankungen (das Immunsystem bildet Antikörper, die eigene Zellen und Gewebe angreifen und dadurch zu Entzündung oder gar zu Zerstörung führen), z. B. Multiple Sklerose, chronische Polyarthritis oder Schilddrüsenerkrankungen (Basedow und Hashimoto). Diese Erkrankungen kommen immer häufiger zum Vorschein.

Die Autoren beider Diäten erwähnen, dass bei einigen der Patienten phasenweise Ketonkörper (Aceton) im Blut, im Gewebe, in der ausgeatmeten Luft, im Schweiß, im Urin und im Kot auftauchten.

Was ist Aceton?

Im Laufe meines Vortrags habe ich Ihnen erzählt, dass Aceton, ähnlich wie Milchsäure, eine Alternative für die Glukose Energiequelle unserer „Zentrale“ ist.

Woher kennen wir diese Substanz noch?

Zum Beispiel ist sie im Nagellackentferner reichlich vorhanden (stechender Geruch, desinfizierende Wirkung; Mikroorganismen hassen es).

Woher kommt er jedoch in unseren Körper?

Erinnern wir uns an eine elementare Biochemiestunde. Aus 1 Gramm Fett entstehen bei ausreichender Sauerstoffzufuhr 9 kcal. Viel Energie, nicht wahr? Sehr nützlich für den Körper. Haben wir aber Energie im Überfluss, so belastet sie unsere Knie, unsere Wirbelsäule, führt zu Atemnot, belastet unseren gesamten Körper. Erinnern wir uns jedoch daran, dass die obige, sehr effektive Reaktion erst dann stattfindet, wenn ein Katalysator, die Glukose, vorhanden ist. Ein Mangel an Glukose führt zum Abbruch dieser Reaktion und das Fett kann nicht vollständig verbrannt werden. Dadurch gewinnen wir viel weniger Energie und Aceton entsteht (aus wenigen Kohlen- und Wasserstoffatomen bestehende Substanz, gasförmig, entflieht schnell aus dem Körper, entnimmt dabei dem Körper viel Energie).

Was für eine Verschwendung!

Der Körper mag es nicht, Energie zu verschwenden, deshalb meidet er diese Reaktion.

Was soll er aber dann tun, wenn es keinen Ausweg gibt? Er lebt in der Natur und „vergammelt". Unser Urmensch hat sich verletzt. Es hat sich eine Infektion gebildet; Bakterien gelangen in das Blut und es kommt zur Sepsis (Blutvergiftung). Es droht der Tod!

Was soll man tun? Macht das Sparen oder eine Ansammlung von Energie Sinn?

Nein!

Man muss das Leben retten!

Wie reagiert in dieser Situation der Urmensch oder ein Tier oder sehr oft Ihr Kind, das eine Infektion hat?

- ► Es hört auf zu essen.
- ► Es erhöht seine Körpertemperatur, um den Stoffwechsel anzukurbeln.

Welche Ziele stecken dahinter?

1. Ziemlich schnell kommt es zur Verbrennung von Glukose (am schnellsten beim Kind), d. h. zum Mangel an Nahrung für Bakterien.
2. Gleichzeitig erfolgt die Fettverbrennung, da wir aber unseren Katalysator (Glukose) nicht haben, kommt es zur unvollständigen Fettverbrennung und zur Acetonbildung. Dieses desinfiziert unseren Körper und tötet die Bakterien ab.
3. Die Temperatur des Urmenschen, Tieres, Kindes sinkt. Er ist zwar um einiges dünner, hat aber eine saubere, glatte, von den Mikroorganismen befreite Haut. Langsam wird es gesund.

So war es früher, manchmal ist es auch heute noch so. Warum manchmal? Da die Mutti, die ihr Kind mit Fieber sieht, sofort den Arzt anruft. Dieser diagnostiziert eine Infektion (z. B. zu viele Bakterien auf den Mandeln) und um das Kind zu retten, verschreibt er Antibiotika, um die Bakterien zu töten. Häufig aber empfiehlt er zusätzlich Vitamine und ein reguläres Füttern des Kindes (damit es nicht schwach wird). Dadurch blockiert er die obige Reaktion und liefert gleichzeitig Nahrung für andere Mikroorganismen: Pilze, z. B. Hefepilz, kommt zu Windeldermatitis oder Pilzinfektion im Mundbereich, was wiederum mit Antimykotika behandelt wird.

Das Kind ist bis zum nächsten Mal gesund geworden. Doch zwischenzeitig hat es zugenommen, gerade weil es sich weniger als normalerweise bewegt hat.

Kommen wir jedoch zur Diät von Dr. Atkins und Dr. Kwasniewski zurück:

Wir vermindern Kohlenhydrate und ernähren uns hauptsächlich von Fetten und Proteinen, schalten auf unvollständige Fettverbrennung und die Energie verdampft aus unserem Körper. Wir nehmen schneller und weniger schmerzvoll ab als bei einer kalorienarmen Diät, da unser Gehirn Ersatznahrung in Form von Aceton bekommt, nach Abtötung der Atemwegskeime durch Ketone deutlich mehr Sauerstoff zugeführt bekommt und keine Hungersignale versendet. Also ist dies mit Sicherheit schon ein Fortschritt, obwohl es von offizieller Wissenschaft noch nicht vollständig anerkannt wurde.

Ist diese Situation dauerhaft?

Kommen wir wieder auf die kohlenhydratreiche Diät zurück, so vergammeln wir oder nehmen wieder zu. Es sei denn, wir erhöhen die Menge von Kohlenhydraten nur etwas, sorgen uns um die Hygiene unseres Inneren; d. h. wir liefern unserem Körper genügend Sauerstoff bei regelmäßigen körperlichen Belastungen, beseitigen dadurch Abfallprodukte des Stoffwechsels und halten unsere Atemwege und unser Kreislaufsystem in Sauberkeit.

Wir können auch anders abnehmen. Wir können uns an kalorienarme Diät halten, wenig oder nichts essen und uns bewegen.

Aber genauso wie unsere Strukturproteine und Enzyme älter werden und ihre Funktion verlieren, funktioniert es auch mit dem Fett, es wird immer härter, der menschliche Körper verliert seine Elastizität. Folglich müssen wir krank werden oder sogar sterben, wenn wir keine oder eine unzureichende Menge guter Nahrung aufnehmen. Wir können zwar durch Aufnahme von Vitaminen die Reparationsprozesse der Proteine stärken und die Oxidation von Fetten verlangsamen; auf lange Sicht reicht aber auch das nicht aus.

Stellen Sie sich vor, dass Sie 100 kg Übergewicht haben. Sie haben 100 kg unnötiges Fett angesammelt. Das sind 100 000 g (9 kcal = 900 000 kcal zu viel). Um dies zu verbrennen, benötigen Sie 459 Tage (bei einer täglichen Verbrennung von 2 000 kcal; 900 000: 2 000=450).

Überleben Sie das, ohne zu essen? Nein! Sogar wenn Sie Vitamine aufnehmen, haben Sie keine Chance.

Folglich muss sogar eine Person, die abnehmen will (ihren Körper reinigen), Nahrung aufnehmen.

Was soll sie aber aufnehmen?

Und hier stimmen wir den Wissenschaftlern zu: man sollte 0,5–1 g Proteine und 1–1,5 g Fett pro 1 kg der gesunden Körpermasse essen.

Wieso so wenig Proteine? Proteine werden sozusagen recycelt, d. h. verbrauchte Proteine werden im Körper zu einfachen Elementen (Aminosäuren) zerlegt und ein Teil von ihnen geht wieder zurück zur Proteinsynthese. Verbrauchtes, oxidiertes Fett dagegen kann nur gegen Fett aus neuer Nahrung eingetauscht werden. Wann und zu welcher Tageszeit passiert das? Man sagt, dass Kinder nachts wachsen. Wie sieht es bei uns Erwachsenen aus? Wir regenerieren unseren Körper auch über Nacht. Deshalb sollten wir abends Proteine und Fette aufnehmen.

Was ist mit der Energie/den Kohlenhydraten?

Ein Teil der verbrauchten alten Proteine und Fette wird in Kohlenhydrate umgewandelt, deshalb ist morgens der Blutzuckerspiegel oft höher als abends, obwohl wir nachts nichts gegessen haben. Den Großteil des alten verbrauchten Fettes müssen wir doch verbrennen (dazu benötigen wir aber viel Sauerstoff)!

Deshalb sollten wir keine Angst vor Energiemangel beim Abnehmen haben. Unsere „Zentrale" weiß, wie sie den anderen Organen durch Alokation Glukose entnehmen soll, und dass Aceton oder Milchsäure von ihr auch verbraucht werden können. Damit die Umwandlung von den Substanzen in Energie stattfinden kann, benötigen wir aber Sauerstoff.

Wann sind wir am meisten aktiv? Wann arbeiten Gehirn und Muskeln am intensivsten? Tagsüber!

Also sollten wir morgens aufstehen und den Tag mit Bewegung und nicht mit Frühstück beginnen! Wir sollten unsere Umgebung beobachten, auf einen langen intensiven Spaziergang hinaus gehen, unserem Körper Sauerstoff liefern, dem Körper den Überfluss an Mineralsalzen durch Schwitzen entziehen, durch die Nieren den Überfluss an Harnstoff und Harnsäure wegschaffen, durch die Leber und die Gallenwege den Überfluss an toxischen Mitteln abschaffen.

Wir sollten unseren Körper nicht nur äußerlich reinigen. Wir sollten glücklich nach Hause kommen, mit einem guten Gefühl den Tag starten, ohne Hungergefühl, denn wir haben schon nachts einen Vorrat an Energie für den ganzen Tag gesammelt.

Sehen wir morgens in den Spiegel und erinnern uns an die letzten Tage: wir sehen ein Übermaß an Fett am Bauch und unter der Haut. Wir dürfen jedoch Fett nicht verantwortlich machen für unsere schmerzenden Knie, den Rücken. Dadurch, dass das Fett sich dort angelagert hat, leben wir noch und vergammeln nicht!

Wir haben in der Vergangenheit einfach zu viel gegessen und uns zu wenig bewegt!

So können wir das nächste Frühstück vergessen. Wir brauchen nur Bewegung, Sauerstoff, eine Reinigung unseres Körpers, um die Energie für den nächsten Tag unseres Lebens freizusetzen.

Ähnlich, wenn dein Arzt gesagt hat, dass du im Anfangsstadium der Arteriosklerose, Osteoporose (Knochenschwund) oder Arthrose (degenerative Gelenksveränderungen) bist, ein Übermaß an Fett im Blut, Bluthochdruck und Diabetes hast.

Deine erste Tat des Tages sollte die Reinigung deines Körpers sein (Bewegung mit Sauerstoffaufnahme und Ausscheidung von Stoffwechselabfällen).

Auch wenn du an einem Geschwülst erkrankt bist, häufig Infektionen hattest und sogar noch jetzt ein Übermaß an Mikroorganismen hast: Verstopfung, Hämorrhoidalleiden, eitrige Veränderungen auf der Hautoberfläche, Hautpilz. Vergiss nicht: die erste Tat des Tages sollte die Reinigung des Körpers, Sauerstofflieferung und Freisetzung der eingespeicherten Energie sein.

Es nähert sich die Mittagessenzeit, dann die Abendzeit.

Denk daran, dass du ohne Nahrung stirbst, also suche, finde, esse!

Aber richtig: gute Proteine, Fette, natürliche Vitamine, Cellulose, die für eine gute Verdauung unersetzlich ist, und Mineralsalze. Aber denk auch daran: während du isst, tötest du (Pflanzen, Tiere), also esse nur so viel, wie nötig ist. Die, die in der Tier- und Menschenwelt „die Hälfte" essen, leben länger und gesünder.

Bist du schlank und gesund, ist dein Kind auch schlank und gesund, so steht nichts im Wege, dass du ein kohlenhydratreiches Frühstück isst. Wenn du aber bemerkt hast, dass du oder dein Kind zunimmt oder beginnt zu vergammeln, so komme so schnell wie möglich zur oben genannten Diät zurück.

Nimmst du oder dein Kind nach jeder Probe der Vergrößerung der Kohlenhydratmenge zu, so gehört ihr genetisch gesehen zur alten Generation der Jäger und Sammler oder höchstens zu den Hirten. Meide in Zukunft solche Proben. Bist du oder dein Kind in eine kritische Situation gekommen? Du hast stark zugenommen, dein Blut oder deine inneren Organe sind „überfettet", du hast ein Geschwülst, gutartig, sich wiederholende oder chronische Infektionen. Schalte auf das unvollständige Verbrennen von Fett, damit dein Körper sein eigenes Desinfektionsmittel, Aceton, produziert. Tue das mindestens so lange, bis du außer Gefahr bist.

Hilfst du dir, so hilfst du auch deinem Kind, deiner Gesellschaft und deiner Umwelt. Du sparst an Medikamenten und an Pflegeprodukten.

Hast du zu viel Geld?

Denk daran, dass Menschen in der Dritten Welt immer noch an Hunger und an Infektionen sterben. Denk daran, dass Kohlenhydrate keine Bausubstanz für den Menschen darstellen, sondern nur eine Energiequelle sind. Ernähre dich von ihnen nur, wenn sie nicht schon im Übermaß im Körper vorhanden sind und du sie wirklich brauchst.

Wenn du auf die Reaktion deines Körpers achtest, so kannst du mit Sicherheit feststellen, dass deren Übermaß Reaktionen auslösen wird, die nicht adäquat zu deren Menge sind. Nach der Aufnahme würde die Körpermasse unproportional zur Kalorienmenge steigen.

Der Körper behält Wasser, um diese zu lösen, damit es nicht zu einem großen Anstieg des Glukosespiegels im Blut kommt und dadurch zur Überschreitung der Werte, wo die Glukose in gefährliche keimreiche Gegenden gelangt. Wenn das passieren würde, würde Glukose in den Harn gelangen (es geschieht meistens schon bei über 180 mg%) und Harnwegsinfektionen verursachen. Oder die Glukose würde auf die Schleimhäute oder auf die Haut kommen (geschieht in der Regel schon bei circa 160 mg%) und Infektionen, z. B. Angina, Bronchienentzündung und Hautentzündung hervorrufen. Sie könnte auch in das Innere des Magendarmtraktes gelangen und dadurch verschiedene Erkrankungen provozieren. Das Eliminieren bzw. starke Einschränken von Kohlenhydraten in der Nahrung hat einen umgekehrten Effekt. Das heißt, der Körper wird das unnötige Wasser vom Körper los und die Körpermasse wird praktisch sofort (innerhalb von Stunden, höchstens Tagen) kleiner, manchmal sogar um ein paar Kilo.

Diese Reaktionen sind im höheren Grad abhängig von unseren energetischen Verausgabungen (Bewegung, Halten der Körpertemperatur), dem Zustand unseres Muskelsystems (ist dieses stark ausgeprägt, so ist unser Stoffwechsel lebhaft), aber auch von der Jahreszeit, dem Luftdruck und dem Grad der Sonneneinstrahlung. Im Sommer, beziehungsweise dort, wo die Sonne stark scheint, ist unser Stoffwechsel deutlich schneller. Dagegen ist in kühlen, dunklen Regionen, im tiefen Luftdruck die Verbrennung der Glukose langsamer. Diese Beobachtungen werden von Ärzten gestützt, die in der Winterzeit unseres Klimas nicht nur eine Tendenz der wachsenden Körpermasse bei Patienten diagnostizieren. Ihnen fällt auch auf, dass der Cholesterinspiegel steigt, dass die Probleme des

Bluthochdrucks, der Arteriosklerose und der Infektionen häufiger auftauchen.

Denk daran, dass es nicht nur eine Art der Diät für alle Menschen gibt. Es gibt nicht einmal eine ideale für dich. Du wirst eine andere Diät haben, wenn du jung bist, eine andere, wenn du älter wirst; eine andere im Sommer, eine andere im Winter; eine andere, wenn du gesund bist, eine andere, wenn du krank bist.

Der elementare Grundsatz: Wenn du gesund bleiben möchtest, spät und „gesund" sterben willst, solltest du im Einklang mit der Natur leben.

Die elementaren Kriterien der Diät und der Sauerstoffversorgung des Körpers, seiner Reinigung und seiner natürlichen Selbstheilung kennst du schon.

Frage: Soll man das ausnutzen? Wenn ja, dann wie?

Kapitel V

Beispiele des Korrigierens des Lebensstils bei einer erwachsenen Person, die in den Zustand einer leichten Ketose (ein schnelles Zerlegen von Fetten und produzieren von Aceton, ein schnelles und effektives Reduzieren der Körpermasse und deren Umbau) übergehen möchte.

1. Bewegung (Versorgung mit Sauerstoff und Befreiung des Körpers von Stoffwechselabfällen):

a) Du bist ein durchschnittlicher 40-Jähriger, der von 7–16 Uhr, von montags bis freitags arbeitet und die Wochenenden frei hat.
- ► Mittwoch abends 1,5 Stunden intensives Laufen (ca. 10 Km) oder Fahrrad fahren (25–30 km) oder Schwimmen oder auch andere Sportarten in frischer Luft;
- ► Samstag- und Sonntag am Morgen wiederholst du diese Tätigkeiten nach dem Aufstehen und nach der morgendlichen Toilette und etwas Flüssigkeit

b) Du bist Rentner oder hast Urlaub oder ähnliches (du kannst über deine Zeit verfügen):
- ► dann solltest du fünfmal die Woche mindestens je eine Stunde eine der oben genannten Tätigkeiten durchführen. Dabei solltest du darauf achten, dass es immer morgens direkt nach dem Aufstehen geschieht.

Beachte:
- ► Du solltest deine Anstrengung und vor allem ihre Intensität daran messen, dass deine Schweißdrüsen bei jedem Mal anfangen zu arbeiten, aber gleichzeitig solltest du nach der Anstrengung das Gefühl haben, dass du nach einer kurzen Pause deine Tätigkeit wiederholen könntest.
- ► Natürlich steht nichts im Wege, dass du dich während deiner täglichen Tätigkeiten bewegst (z. B. Treppensteigen statt Fahrstuhl).

- ► Natürlich steht nichts im Wege, dass eine Frau (abhängig vom Zustand des Knochengelenksystems) morgens und abends ein bisschen Gymnastik macht und ein Mann (abhängig von seinem Muskelzustand) etwas Krafttraining macht.

1. Ernährung (liefern von Material für den Umbau und die Regeneration des Körpers)

Morgens:

- ► Hast du morgens vor der Arbeit oder nach der empfohlenen Dosis Bewegung keinen Hunger, dann trinke ein oder mehrere Gläser Mineralwasser, schwarzen, grünen oder Kräutertee (ohne Zucker), oder wenn du natürlichen Kaffee magst, dann eine Tasse, eventuell mit etwas Milch oder Sahne, aber ohne Zucker (und auch ohne Süßstoff: die Natur kennt keinen süßen Geschmack ohne Zucker, also kommt es nach so einem Reiz zur Insulinausschüttung, was die Umwandlung vom Zucker ins Fett ankurbelt und gleichzeitig Appetit anregt)
- ► Verspürst du leichten Hunger, dann iss ein paar Nüsse (Walnüsse oder Haselnüsse, sie beinhalten gute Fette, Proteine und Mineralsalze, z. B. Magnesium und Kalzium), oder Gemüse, das viel Cellulose beinhaltet, aber dafür wenig Zucker (das Gemüse bezeichnen wir als „echtes Gemüse". Dessen Wurzeln sind meistens schneeweiß, z. B. Rübe, Radieschen, Knoblauch, Kohlrabi oder einen überirdischen dunkelgrünen Teil, z. B. Feldsalat, Kohl, Brokkoli, grüner Paprika, Gurke.
- ► Du hast großen Hunger: Du isst dein Frühstück und denkst daran, dass es so wenig Kohlenhydrate wie möglich aber viele „gute Fette" enthält. Das können z. B. Rühreier aus 2 Eiern auf einem Esslöffel langsam gebratener Butter oder auf Bacon sein; zusätzlich ein Salat aus dem oben genannten Gemüse.

Achtung: zum direkten Verzehr oder als Zusatz für Salate und Suppen ist kein sogenanntes Obstgemüse geeignet. Das ist Gemüse, das sich durch ihre gelbgrüne, gelbe oder rote Färbung charakterisiert (die Farben zeigen in der Natur, dass das Gemüse reif ist und einen hohen Anteil an Zucker hat). Das sind unter anderem gelber und roter Paprika, Tomate, Möhre, rote Bete, Eisbergsalat.

Obst eignet sich für dich auf Grund des hohen Zuckergehalts in dieser Phase auch nicht.

Mittags: in den meisten europäischen Ländern ist es üblich Suppe und/oder ein Hauptgericht zu essen. Man kann das ganz einfach vorbereiten:

Die Suppe kochst du mit Fleisch von in fast natürlicher Umgebung lebenden Tieren (nicht in Käfigen ohne Zutritt zu Sonnenlicht und nur von künstlicher Nahrung ernährt). Das ist z. B. Geflügel, Rindfleisch, von Zeit zu Zeit Schweinefleisch, am besten mit Knochen. Zusätzlich gibst du zur Suppe „echtes Gemüse“ (weiß oder dunkelgrün), eventuell etwas Obstgemüse (gelbgrün, gelb, rot), Salz und Gewürze hinzu. Du kannst auch Sahne (vollfettig) hinzugeben.

Als zweites Gericht kannst Du gedämpftes Fleisch oder Fisch, welcher viel „gute Fette“ beinhaltet, vorbereiten. Das sind z. B. Lachs, Hering, Heilbutt, auch Kabeljau. Du kannst sie auch braten, aber am besten ohne Paniermehl, oder auch im Ofen backen, aber bei kleiner Temperatur (eine hohe Temperatur zerstört die Struktur der Proteine und Fette). Als Ergänzung kannst du einen Salat vorbereiten. Der sollte hauptsächlich aus echtem Gemüse bestehen. Du kannst ihn mit Olivenöl, Sonnenblumenöl, Rapsöl, Haselnussöl oder Sahne ergänzen (der Salat sollte 15–20 min. vor dem Essen vorbereitet werden, denn die oben genannten Fette müssen einziehen).

Achtung: Wenn in deiner Familie gesunde Menschen sind, so steht dem nichts im Wege, dass du Stärkezusätze vorbereitest. Das sind z. B. Nudeln (am besten aus dunklem Mehl) zur Suppe, Kartoffeln, Wildreis und ähnliches zum Hauptgericht. Beachte aber, dass du als zu Dicker oder Kranker diesen Stärkezusatz in Form von Triglycerin in deinem Bauch schon hast. Du solltest ihn mit Hilfe von frischer Luft verbrennen und nicht noch mehr davon holen. Du willst doch keine Knieprobleme und Atemnot haben.

Abends: Abendessen 2–4 Stunden vor dem Schlaf, der Ruhezeit und der Regeneration des Körpers.

Wenn du auf Grund deiner Arbeitszeit oder deiner Angewohnheit normalerweise zweimal täglich isst, so schadet es nicht, wenn das Abendessen ähnlich wie das oben genannte Mittagessen aussieht und das Mittagessen wie unten genanntes Abendessen.

Wenn du bereits mittags was Warmes gegessen hast, so kannst du geräucherten Fisch, ein Stück gebratenes Fleisch, trockene Wurst oder Käse, z. B. Gouda oder Mozzarella, Schafskäse, gekochte Eier vorbereiten und zusammen mit einem Gemüsesalat, der nach den oben genannten Regeln gemacht wurde oder mit reinem „echten" Gemüse essen.

Später abends: Du bist ein erwachsener 40-Jähriger. Wenn du eine gesunde Leber hast, kein Alkoholiker bist, so steht nichts im Wege etwas zu trinken: ein oder zwei Gläser trockener Wein oder ein Gläschen Cognac, Whisky oder Brandy, dazu ein paar Walnüsse oder Haselnüsse.

Achtung:

1. Nimm nicht zu viel Flüssigkeit zu den Mahlzeiten oder kurz nach den Mahlzeiten auf. Trinke jedoch viel zwischendurch (dadurch meidest du das Verdünnen der Verdauungsenzyme des Magens und des Darms).
2. Denk daran, dass Gemüse beim Kochen/Garen Kohlenhydrate frei werden lässt und Cellulose zerstört. Deshalb sollten 70–80 % des Gemüses in rohem Zustand, im Notfall in leicht gedämpfter Form z. B. Brokkoli, Blumenkohl aufgenommen werden.
3. Wie du schon richtig erkannt hast, gibt es in den Empfehlungen keine Stärkeprodukte wie Brot, Mehl, Grütze und Reis. Es gibt auch keine Milchprodukte, die Milchzucker beinhalten wie Milch, Buttermilch, Joghurt, Kefir und keine Produkte, die Fruchtzucker enthalten wie Honig, Früchte und Fruchtsäfte.

Du musst deshalb trotzdem nicht nachdenken über den Mangel von:

- ► Kalzium: diesen Stoff beinhalten praktisch alle Fleischprodukte, besonders Fisch und Gemüse bzw. die Wurzeln vom Gemüse.

Käse ist eine viel bessere Kalziumquelle als Milch aus dem Karton. Der Käse wurde aus der Milch der Kuh hergestellt ohne deren thermischer Verarbeitung, während die Kartonmilch erst nach einer Erhitzung auf 140 °C, unter hohem Druck von ca. 200 Bar in den Karton kommt. Das tötet zwar die Bakterien ab, aber beschädigt gleichzeitig die wichtigen Strukturproteine.

- Vitamine B und C, die hauptsächlich in Früchten und Getreidehüllen vorkommen. Sie werden in den Zellen für Verbrennung von Kohlenhydraten genutzt. Du benötigst aber hauptsächlich die Energie aus der Verbrennung des Fettdepots. Darüber hinaus eliminierst du Kohlenhydrate aus deiner Nahrung, verscheuchst die Hefepilze, die unser größter Dieb der Vitamine Gruppe B sind.

Denk daran, dass der Fehler von Christoph Kolumbus während seiner langen Reise nach Amerika der war, dass er zu viel Brot, dafür zu wenig Zwiebeln und getrocknetes Fleisch mitgenommen hat. Denk an Wikinger, die fast ausschließlich getrockneten Fisch essend tausende Kilometer auf nordischen Meeren mit ihren Schiffen gefahren sind.

Denk an die Eskimos aus Nordkanada und Alaska, die nur während des kurzen Polarsommers ein bisschen Beerenobst essen können. Sonst essen sie das ganze Jahr über keine Früchte und leiden trotzdem nicht an Vitamin C-Mangel.

Habe keine Angst vor einem Überfluss an Fett in deiner Diät. Durch das Meiden bzw. Einschränken des Essens von Tieren, die in Käfigen leben, z. B. Schweine, isst du weniger Fette in Form von Triglycerin oder Cholesterin, die aus Kohlenhydraten in der kurzen Nahrungskette (Stärke aus Getreide in Triglyceriden und Cholesterin im Schweinefleisch umgewandelt) hergestellt worden sind, von denen du schon ein Depot hast. Dafür isst du mehr „gute“ Fette, die aus einer langen Nahrungskette stammen, z. B. Fett im Lachs (Meeresplankton im Golfstrom, kleine Krustentiere, kleiner Fisch, mittgroßer Fisch, großer Lachs).

Denk daran, dass das Fettdepot einer Gans, die man im Gegenteil zum Huhn in einem Käfig schlecht züchten kann, dem Fettdepot eines Lachses ähnelt. Darüber hinaus meidest du toxische Substanzen wie Antibiotika, Hormone etc., die bei der Massenproduktion von Fleisch verwendet werden.

Fettprodukte bearbeitest du in vergleichbar niedriger Temperatur (kochen, garen, dünsten). Deshalb ist die Menge an dabei entstandenen toxischen Substanzen sehr gering. Du solltest aber beim Konsum von Proteinen Bedenken haben. Deren Übermaß wandelt sich schnell in Kohlenhydrate um und stellt eine geeignete Nahrung für Bakterien dar.

Denk daran, dass Fette mit Galle im Darm emulgiert werden müssen, um ins Blut aufgenommen zu werden. Eine Fettleber, die durch den Überfluss an Nahrung entsteht, produziert weniger Galle. So werden weniger Fette aufgenommen. Hier liegt ein selbstregulierender Mechanismus vor.

Habe auch keine Bedenken vor Hypoglykämie (Blutzuckermangel) und vor der Unterernährung des Gehirns. Schon nach ein paar Tagen verschwindet die Schar deiner Mitnutzer: Mikroorganismen in Form von Bakterien oder Hefepilzen. Du isst weniger, dafür bleibt mehr für deine Organe und für deine „Zentrale".

Kapitel VI

Kontrolliere dich und prüfe die Effekte!

Du hast schon eine halbe oder eine ganze Woche im anderen Lebensstil überdauert.

1. Betrachte dein Gesicht und deine Silhouette im Spiegel. In den meisten Fällen siehst du ein schlankeres, glatteres Gesicht mit weniger Hautveränderungen (z. B. Akne, Verfärbung). Du siehst, dass dein Taillenumfang kleiner geworden ist. Messe ihn und vergleiche ihn mit dem vorherigen. Überprüfe, was du für einen Wert der Taille/Hüfte (Proportion des Taillenumfangs zur Hüftweite) hast und ob er sich gebessert hat. Denk daran, dass dieser Wert darüber entscheidet, ob du sogenannte viscerale Adipositas (Fettansammlungen in der Bauchhöhle) hast, die sehr stark mit Zivilisationserkrankungen wie Diabetes, Bluthochdruck einhergeht. Dieser Wert sollte bei Frauen tiefer als 0,85 bei Männern tiefer als 1,0 sein.
2. Messe den Wert von Aceton im Urin. Siehe nach, ob Aceton schon im Urin vorhanden ist. In fast jedem Land kannst du in der Apotheke diagnostische Streifen kaufen, die dir Auskunft geben über den Acetongehalt im Urin. Tauche den Streifen in frischen, nicht unbedingt morgendlichen Urin für nur 1 Sekunde und warte ca. ½ Minute ab. Vergleiche dann die Verfärbung des Streifens mit den Färbungen des Musters auf der Verpackung. Wenn der Teststreifen seine Farbe gewechselt hat, heißt es, dass Ketone nachgewiesen wurden und dass der Körper auf die unvollständige Verbrennung von Fett geschaltet hat. Du bist schon im Zustand der leichten Ketose und … du freust dich.

Achtung:
Wenn der Streifen keine Verfärbung nachweist, musst du dir keine großen Sorgen machen. Überlege aber, ob du dich an die Anweisungen bezüglich Bewegung und Ernährung gehalten hast.

Begrenze eventuell die Menge von Gemüse, hauptsächlich von gekochtem und gegartem. Eliminiere die Produkte, die versteckten Zucker oder sogenannte Proteinhydrolysate beinhalten, z. B. Bierschinken, Bierwurst (manchmal ist es Ketchup oder Senf). Wenn es während einiger Tage keine Effekte gebracht hat, dann gehörst du entweder zur Gruppe der Menschen, bei denen Aceton über andere Wege (z. B. Atemluft) aus dem Körper entflieht oder du hast ein Hormonproblem (Schilddrüse, Geschlechtshormone, Kortison) und/oder du bist sehr stark „verpilzt“ (Hefepilz, Schimmelpilz im Darmbereich). Dann solltest du zum Arzt gehen. Lass dich deshalb aber nicht entmutigen. Kontrolliere andere Werte (siehe oben, siehe unten), wenn diese sich bessern und du dabei ein gutes Gefühl hast, dann ist das das Wichtigste.

3. Wiege dich sofort nach dem Aufstehen und nach der morgendlichen Toilette. Gib nicht auf, wenn du nach den ersten Tagen mehr wiegst (Muskeln, die du stärkst, wiegen mehr als Fett, das du loswirst). Denk daran, dass ein paar Kilo, meistens zwei bis drei, Gewichtsverlust den Verlust an Wasserüberfluss bedeuten, welcher die Zucker- und Mineralsalzüberflüsse (Kochsalz) verdünnt hat, die du nun schon weggeschwitzt hast.

Achtung:
Du hast Verstopfungen: Erhöhe die Menge an Cellulose in der Nahrung (rohes, echtes Gemüse) und die Menge an Flüssigkeiten, denk daran, dass ein weiches Entleeren sogar jeden zweiten Tag keine Verstopfung ist.

Du hast Bauchschmerzen: erhöhe die Menge an Kräutertees: Pfefferminztee, Kamillentee, Johanniskraut. Wenn das nicht hilft, dann begib dich zum Arzt. Vielleicht hast du Gallensteine oder eine beschädigte Bauchspeicheldrüse.

Du hast ein Übermaß an Ketonen im Urin (80 und mehr), du hast dabei Schmerzen und Schwindelgefühl, du fühlst dich schwach, so erhöhe die Menge an Fruchtgemüse in der Nahrung: Tomaten, Möhren, roter Paprika, auch gekochtes und gegartes Gemüse. Diese verlangsamen die Fettverbrennung und Produktion von Aceton.

Wie lange kannst du im Zustand der leichten Ketose bleiben?

Lange: Wochen, Monate.

Der Effekt zählt:
- ► Du hast 5–10 % des Ausgangsgewichts verloren
- ► Die Fettwerte im Blut befinden sich im Normbereich
- ► Der mittlere Blutdruck ist gesunken
- ► Infektionen haben nachgelassen oder kommen seltener vor und sind leichter in den Griff zu bekommen.

Und wenn das Wohlbefinden bei all dem besser ist, so kommst du in Phase 2: die Phase des individuellen Experimentierens, des Untersuchens, in welchem Zustand sich deine Kohlenhydrattoleranz befindet.

Kapitel VII
Du lernst deinen Körper kennen

Bedenke, dass die Toleranz von Kohlenhydraten individuell ist. Sie ist abhängig vom genetischen Code, der körperlichen Aktivität, der Temperatur der Umgebung, dem Luftdruck und dem Sonneneinstrahlungsgrad, der Jahreszeit, dem Alter, dem Gesundheitszustand. Bedenke, dass der glykämische Index von Michael Montignac, der über die Schnelligkeit der Absorption von kohlenhydrathaltigen Produkten aus dem Darm im Vergleich zur Absorption reiner Glukose Aussagen macht, sehr wichtig ist. Ein hoher glykämischer Index bedeutet, dass ein Produkt einen schnellen, plötzlichen Anstieg des Blutzuckerspiegels verursacht. Es besteht das Risiko des Überschreitens der Glukosegrenze der Organe und desgleichen die Ernährung von Mikroorganismen. Der Körper kann auch eine Schutzfunktion aktivieren, indem er eine große Menge an Insulin ins Blut ausschüttet. Dieses Hormon senkt den Blutzuckerspiegel, indem es den Zucker in Glykogen umwandelt (eine Vorratsform von Kohlenhydraten in den Muskeln und in der Leber), diesen in Zellen eingliedert und schließlich auch in Fette (z. B. Cholesterin) umwandelt. Das Insulin verursacht außerdem eine Verengung der peripheren Arterien, was den Zuckertransport auf die Haut und Schleimhäute begrenzt, aber den Blutdruck erhöht.

Bedenke, dass der Insulinspiegel im Blut der Säugetiere, die lang und gesund leben, niedrig ist.

Die Bewertung des glykämischen Index fällt bei hochverarbeiteten, hochgesäuberten Produkten, Kristallzucker, Mehl und weißer Grütze schlecht aus.

Bedenke, dass Frucht- oder Gemüsesäfte kein natürliches Produkt sind. Den Früchten und Gemüse wird Cellulose entnommen, die die Aufnahme von Zucker und Mineralsalzen der Früchte/Gemüse reguliert. Wenn du unverarbeitete Früchte, am besten Waldfrüchte und auch Gemüse aus möglichst nicht industriellem Umfeld, das aus deiner Klimazone stammt, isst, so gehst du kein Risiko ein, wenn du deren Zucker auch aufnimmst.

Viel Sonne in deiner Umgebung heißt zwar viel Zucker in Früchten und Gemüse, aber gleichzeitig ist der Stoffwechsel in deinem Körper viel lebhafter. Daraus resultiert, dass du Früchte und Gemüse, die mehr Zucker enthalten, hauptsächlich im Sommer oder im frühen Herbst essen darfst. Dagegen solltest du in den dunklen Jahreszeiten (später Herbst, Winter, früher Frühling) die Cellulose, Mineralsalze und Vitamine in Form von echtem Gemüse und/oder Nüssen aufnehmen.

Bedenke, dass Kohlenhydrate für deinen Körper eine Energiequelle sind. Deshalb solltest du Früchte vormittags, am besten auf „leeren Magen" essen (es sei denn du verbringst den Sommer in Spanien und tagsüber hast du Siesta wegen der Hitze und am kühlen Abend tanzt du mit deinen spanischen Freunden. Dann kannst du abends süße Melonen essen).

Esse keine kohlenhydratreichen Produkte, z. B. Früchte, zu bzw. sofort nach den fetthaltigen Mahlzeiten. Diese werden sehr langsam verdaut. Sie bleiben 7–8, manchmal noch mehr Stunden im Magen und im Darm. D.h., dass die in dieser Zeit aufgenommenen Früchte in der Körpertemperatur beginnen könnten zu gären (fermentieren). Dadurch würden Gase entstehen, die Blähungen und Sodbrennen verursachen.

Einen ähnlichen wie den glykämischen Index sollte man auch für Proteinprodukte festlegen. Rohes Fleisch, das oftmals zusammen mit Hautteilen, Sehnen und Schlagadern von Tieren von unseren Vorfahren, den Hominiden gegessen wurde, wurde bestimmt langsamer verdaut und resorbiert. Das thermische Verarbeiten (mit Feuer) der gewonnenen Nahrung von den Urmenschen und Homo sapiens führte zur Beschleunigung der oben genannten Prozesse. Aber das, was wir in den letzten Jahren in der Fleisch- und Milchindustrie beobachten, erinnert an eine finstere Geschichte von hochverarbeiteten, gesäuberten kohlenhydratreichen Produkten. Wir ernähren uns von immer mehr hochverarbeiteten Proteinen, deren Wirkung eine ähnliche ist, wie die Wirkung der Kohlenhydrate mit hohem glykämischen Index. Die Konsequenz davon ist das Ernähren von Mikroorganismen und/oder Schutzreaktionen vom Organismus (zunehmen und/oder vergammeln).

Wenn du die oben genannten Hinweise beachtest, kannst du die Menge der Kohlenhydrate in deiner Nahrung schrittweise erhöhen. Du musst aber an das Wichtigste für deinen Körper denken: Sauerstoffversorgung, d.h. Bewegung in frischer Luft und/oder im Wasser. Fange aber zunächst mit kleinen Mengen von Kohlenhydraten an. Esse Kohlenhydrate nur mit niedrigem glykämischen Index. Das sind Produkte aus natürlichen Quellen, die auch in deiner Umgebung produziert werden.

Kohlenhydrate mit hohem glykämischem Index solltest du als Droge betrachten!

Es gibt zwar für einen Moment Freude (Ausschüttung von Glückshormonen im Gehirn), aber anschließend sieht man der Tatsache ins Gesicht (du siehst deinen Körper im Spiegel: anschwellend und mit Pickeln im Gesicht). Du kannst dich schnell abhängig machen und in bedeutende Schwierigkeiten kommen. Wenn du dein Kind oder dein Elternteil liebst, so äußere diese Problematik auch ihnen gegenüber.

Kapitel VIII

Sei ein Arzt für dich selbst

Wir haben uns bis jetzt Gedanken gemacht, wie wir die Lebensqualität und/oder die Lebenslänge bei einem Menschen, der keine gesundheitlichen Probleme (eventuell nur Übergewicht, Hyperlipidämie im Blut: zu großes Fettdepot unter der Haut, im Bauch, im Blut) hat, verbessern können.

Was ist aber, wenn wir es mit einem Menschen, der an einer konkreten Krankheit erkrankt ist, zu tun haben?

Können wir ihm nur mit Bewegung und einer Diät helfen?

Die Grundlage unseres Funktionierens sollte Vorsorge (Prophylaxe) und Früherkennung von Funktionsstörungen unseres Körpers sein. Aber:

- ► Der Umfang der Untersuchungen ist in den meisten Gesundheitssystemen unzureichend.
- ► Menschen, die behaupten, dass wir uns mehr um den Zustand unseres Autos und unserer Elektrogeräte, als um das Wohlbefinden unseres Körpers kümmern, haben Recht.
- ► Es wäre für alle ein Vorteil, wenn die Organisatoren des Gesundheitswesens diese Tatsachen ändern würden.

Wir können aber doch eine ganze Menge alleine tun.

Uns ist aufgefallen, dass unser Kind immer häufiger an Infektionen erkrankt. Ein Arzt, der das Kind behandelt, findet keine konventionelle, medizinische Erklärung auf die häufigen Rückfälle dieser Infektionen.

Uns fällt auf, dass unser Kind ein Fettdepot an Hintern, Oberschenkel, Bauch hat. Dies sollte ein Anreiz zum Nachdenken sein: Vielleicht hat es zu wenig Sauerstoff und/oder während wir es ernähren, ernähren wir nicht nur seine Zellen, sondern auch die Zellen der Mikroorganismen.

Vielleicht nimmt es zu, weil es sich vor dem Verwesen schützt! Wir sollten intervenieren, indem wir uns nicht die TV-Werbung, die unsere Schwächen ausnutzt, angucken und ihr blind folgen. Sondern, wir erhöhen die Menge an Bewegung an frischer Luft und setzen zuerst die leicht resorbierbaren Kohlenhydrate ab. Das sind unter anderem Zucker, gesüßte Getränke, Säfte, hochgesäuberte Stärkeprodukte. Wir hüten unser Kind vor dem späteren Unglück, senken die Behandlungskosten, verbessern den Zustand unserer Umwelt und verbessern das Bewusstsein unseres Kindes. Wir zeigen ihm, was gut ist.

Das Gleiche gilt für uns Erwachsene und auch für unsere Eltern mit dem Vorbehalt, dass sie aufgrund des Alters oder der Erkrankungen gebrechlich sein können. Deren Bewegungsfreiheit kann begrenzt sein, genauso wie das Verdauen einiger Produkte. Man sollte aber bedenken, dass man es immer ausprobieren kann und sollte. Es ist besser im Kampf als im Bett zu sterben.

Kommen wir jedoch auf unser Kind zurück. Wir könnten die uns beunruhigenden Erscheinungen interpretieren oder uns wenigstens überlegen, was der Grund sein könnte.

Das Wetter ist schlecht, es ist dunkel, wenig Sonne, es regnet.

Unser Kind hat für ein paar Tage, eine Woche, vielleicht zwei seinen Appetit verloren. Statt traurig zu sein, sollten wir uns daran erfreuen, dass der Körper unseres Kindes richtig reagiert hat: wenig Sonne, weniger essen. Zwinge es nicht zum Essen. Wenn du es zwingst, nimmt es unnötig zu, verwest oder bekommt eine Infektion. Du solltest mit deinem Kind an die frische Luft gehen und dies regelmäßig tun. Am besten nach dem Motto der Skandinavier: Es gibt kein schlechtes Wetter, es gibt höchstens schlechte Kleidung und Mangel an Lust.

Dir fällt auf, dass dein Kind nach kurzer Zeit Schnupfen hat.

Erfreue dich daran, dass dein Kind einen so schlauen Körper hat.

Er weiß, dass Kälte heißt, dass der Körper mehr Energie benötigt, um die Körpertemperatur zu halten. Er ist gleichwarm. Ohne Sauerstoff kann der Körper keine ausreichende Energiemenge gewinnen. Auf diesem Weg säubert er seine Atemwege, um den Sauerstoff schnell in das Körperinnere transportieren zu können.

Dein Kind hat chronischen Schnupfen und Husten. Daran ist nichts verkehrt.

Es oder du hast einen Fehler gemacht, dadurch, dass du dem Kind zu viel leicht zu resorbierende Nahrung gegeben hast. Diese konnte es in sein Gewebe nicht einbauen, und während der Bewegung nicht verbrennen. Deshalb habt ihr die Bakterien in den Atemwegen ernährt. Jetzt wird dein Kind diese los, indem es Husten und Schnupfen hat. Begehe diesen Fehler nicht noch mal, korrigiere ihn indem du ihm die Menge der hochverarbeiteten und zur Jahreszeit unpassenden Produkten stark einschränkst oder sie für einige Zeit eliminierst.

Dein Kind hat plötzlich Fieber bekommen. Es hat Angina (Mandelentzündung). Es hat aufgehört zu essen, trinkt wenig.

Überlege, warum es gerade deinem Kind passiert ist. Schiebe es nicht auf die Bakterien, durch die es sich vom Nachbarskind angesteckt hat.

Bakterien besitzen kein Gehirn. Sie vermehren sich dort, wo sie Nahrung finden und wo wir es ihnen erlauben!

Mach eine Gewissensrechnung für die letzten Tage, Wochen:

Bist du mit deinem Kind regelmäßig spazieren gegangen?

Was hat du deinem Kind, oder vielleicht seinen Bakterien zu essen gegeben?

Und jetzt siehe dir dein Kind an, wie es Fieber hat, sein Kohlenhydratdepot verbrennt und auf Acetonproduktion schaltet.

Senke das Fieber nicht so schnell; gib dem Kind keine Nahrung für die Bakterien. Bereite Hühnerbrühe vor, so wird es schneller gesund.

Dein Kind will nur das Süße (Zucker) essen.

Überlege, ob seine „Zentrale“ zu wenig Sauerstoff bekommt, oder vielleicht regieren die Mikroorganismen über seinen Körper, die du gefüttert hast. Ändere das, indem du mit ihm in den Park, Wald spazieren gehst, und steigere seine Lust nicht durch TV-Werbung und den Gang zum Supermarkt.

Lass die kleinen Teufel, Mikroorganismen, in seinem Körper verhungern!

Du und dein Kind, ihr werdet die ersten Tage etwas leiden, aber das lohnt sich. Dein Kind verwest nicht, es bekommt seltener Infektionen, nimmt nicht unnötig zu. Die Anweisungen solltest auch du befolgen.

Du sagst vielleicht, dass du kein Mediziner bist. Ich bin aber der Meinung, dass du für dich selbst ein Arzt sein solltest. Wenn du dir nicht helfen kannst, kann dir niemand helfen. Die Bedingung für dein Glück, deine Gesundheit sind die Bemühungen deinerseits.

Probiere es aus und mit der Zeit wirst du Erfahrungen sammeln.

Mit der Zeit wirst du immer besser handeln, du wirst ein Meister. Du wirst nicht nur dir selbst helfen, sondern auch anderen, die weniger orientiert sind, vielleicht weniger intelligent, vielleicht aber einfach nur ärmer.

Kapitel IX
Du bist chronisch krank

Stell dir eine Frage: Was bedeutet das?

Verschlechterung der Lebensqualität, in realer Lebensperspektive Behinderung, eine Belastung für Familie, Gesellschaft, vielleicht auch ein früherer Tod?

Als nächstes solltest du dir die Frage stellen, wie es dazu kommen konnte?

Ist es die Schuld der schlechten Gene, der Umwelt, in der du gelebt hast und lebst, oder sind es vielleicht deine Fehler, die du bewusst oder unbewusst begangen hast?

Nächste Frage: Was kannst du tun, um zu genesen oder wenigstens das Risiko der Krankheitsfolgen zu senken? Auf welche Weise kannst du die Belastung für dich, deine Familie, die Gesellschaft und die Umwelt, in der du lebst, senken?

Denke dabei global.

Lass dich von deinem Arzt beraten, arbeite eine Strategie aus.

Bedenke dabei, dass es deine Gesundheit ist und dass du vor allem kämpfen solltest. Du hast eine chronische Erkrankung, so werde in diesem Gebiet Experte. Du hilfst dir selbst und du kannst dabei auch anderen helfen.

Fangen wir bei den häufigsten Erkrankungen an, bei denen, die am meisten kostenaufwendig sind.

Bluthochdruck

Du hast ein Gefühl von Müdigkeit, vielleicht Kopfschmerzen oder ein leichtes Luftnotgefühl? Du hast dich zum Arzt begeben. Dieser hat festgestellt, dass du erhöhten Blutdruck hast. Er hat diagnostische

Untersuchungen durchgeführt. Er hat die sogenannte sekundäre Hypertonie diagnostiziert, die mit Funktionsstörungen der inneren Organe zusammenhängt, ausgeschlossen. Er hat festgestellt, dass du eine essentielle Hypertonie (essentiell bedeutet ohne sichtbare Ursache, Hypertonie ist Bluthochdruck) hast. Das ist die häufigste Variante, sehr oft bei Einwohnern hochindustrieller Länder.

Wieso kann es bei dir aufgetreten sein?

Gene? (Das ist deine nähere/weitere Familie). Deine frühere oder aktuelle Umwelt, Lebensbedingungen? Aber vor allem, wie hast du bis jetzt gelebt, dich gehalten, dich geführt?

Bedenke, deine Gene, Eltern, Großeltern kannst du nicht mehr ändern!

Mit der Umwelt ist es schwer, aber man kann es zumindest versuchen.

Lese, überlege, vielleicht war es in deiner Kindheit dein z. B. rauchender Vater und jetzt dein Mann/deine Frau. Probiere es zu ändern.

Und Du? Hast du geraucht? Rauchst du noch? Hast du dich genügend bewegt, bewegst du dich jetzt? Wie hast du dich ernährt, wie ernährst du dich jetzt?

Was droht dir jetzt?

Ein erhöhtes Risiko an Schlaganfall, Herzinfarkt oder einer Behinderung zu erkranken, bis hin zum frühen Tod.

Ich hoffe, dass du motiviert bist. Was sollst du tun?

An dieser Stelle solltest du dich an die Ratschläge erinnern: Sauerstoffzufuhr für den Körper, Reinigung des Körpers während der Bewegung, richtige Ernährung. Wahrscheinlich hast du schon atherosklerotische Veränderungen, d. h., dass der Überfluss an Cholesterin sich an den Wänden der Arterien abgesetzt hat. Die Arterien haben an Elastizität verloren und werden immer enger. Wahrscheinlich hast du schon viscerale Adipositas (Bierbauch), d.h., dass der Überfluss an Triglycerin sich in dem Inneren deines Bauches abgesetzt hat, oftmals abgesehen von deinem Blutspiegel und deinem Körpergewicht.

Zusammengefasst: Du hast fünf Gifte in dir, alle sind weiß, zwei davon musst du total eliminieren:

1. Weißer Rauch (Nikotin)
2. Zucker
3. und die restlichen drei musst du bis zum Ende deines Lebens stark einschränken:
4. Speisesalz (Natriumchlorid)
5. Mehl (Stärke)
6. Weiße flüssige Milchprodukte (Milch, Joghurt, Kefir, Buttermilch, weil sie Milchzucker enthalten)

Wenn du das richtig befolgst, dich richtig hältst und bewegst, wirst du genesen, es gibt eine große Chance, dass du völlig gesund wirst.

Und der Arzt! Der kann dir folgende Medikamente verschreiben:

1. Ein oder gleich mehrere harntreibende Mittel, z. B. Furosemid: Es beseitigt Wasser mit Natriumchlorid aus dem Körper, dessen Überfluss die Arterien verengt und Wasser im Körper behalten lässt.

Nebenwirkungen: Spült große Mengen an Kalium aus dem Körper. Kalium ist für die korrekte Funktion des Herzens unersetzbar. Furosemid erhöht den Blutzuckerspiegel, sodass Diabetes sich früher entwickeln kann.

Und du!
Du bewegst dich und durch das Schwitzen wirst du selbstständig, ohne Hilfe von außen das überflüssige Natriumchlorid los (dein Schweiß ist salzig, du kannst es nach einer Anstrengung auf deiner Stirn prüfen).

Du hast das Aufnehmen von Kohlenhydraten begrenzt. Dein Körper wird automatisch den Überfluss an Wasser, das die Kohlenhydrate verdünnt hat, los.

Außerdem, wenn du dieses Medikament schon einnehmen musst, wirst du davon viel weniger verbrauchen.

2. Ein Betablocker, z. B. Metoprolol: Verlangsamt den Herzschlag und verkleinert gleichzeitig die Auswurfkraft des Herzens, senkt dadurch den Blutdruck und entlastet auf diese Weise das Herz.

Nebenwirkungen: verlangsamt den Stoffwechsel, dadurch wird der Fettspiegel im Blut erhöht, beschleunigt die Diabetesentwicklung.

Es ruft vor allem bei Asthmapatienten die Verengung der Bronchien hervor (verschlechtert den Sauerstoffzufluss in den Körper), begünstigt Impotenz und Müdigkeit.

Und du!
Wenn du regelmäßig Sport treibst, verursachst du eine schrittweise Senkung des Pulses oder sogar das Erhöhen der Auswurfkraft des Herzens. Gleichzeitig bewirkst du aber das Erweitern der Arterien, das Öffnen der Kollateralen (kleine Gefäße, die im Ruhezustand geschlossen bleiben). Anstatt das Blut durch Zucker und durch den hohen Fettanteil dickflüssiger und klebriger zu machen, bewirkst du, dass das Blut flüssiger wird und vor allem verbesserst du die Sauerstoffzufuhr für den ganzen Körper.

3. Konvertaseblocker von Acetylcholin (ACE-Hemmer), z. B. Enalapril: Verkleinert den Druck in den Arterien, erweitert sie, macht sie elastischer, hat keinen schlechten Einfluss auf den Stoffwechsel.

Nebenwirkungen: Bei vielen Patienten verursacht es Reizungen in den Atemwegen, einen trockenen, störenden Husten, kann dadurch die Sauerstoffzufuhr einschränken. Es ist bei z. B. Verengung der Nierenarterien und bei Niereninsuffizienz nicht zu empfehlen.

Und du!
Bei regelmäßiger Bewegung verbesserst du deinen Blutkreislauf, stellst deine Arterien breit und öffnest die Kollateralen. Du verbesserst Durchblutung der Nieren und gleichzeitig entlastest du sie durch das Schwitzen. Du breitest deine Atemwege aus und reinigst sie. Bei einer Begrenzung von Salz und Kohlenhydraten und einem niedrigen Insulinspiegel und einem geringen Druck

im Bauchbereich, verbesserst du die Arbeitsbedingungen des Herzens (vergiss nicht, das ist eine Saugwurfpumpe).

4. Sartane, eine Weiterentwicklung von den o. g. ACE-Hemmern, z. B. Lorzaar verursacht zwar kein ACE-Hemmer-Husten, hat sogar einen positiven Einfluss auf den Stoffwechsel, aber schädigt oft die Leber, also Alkoholgenuss nur mit größter Vorsicht! (Zum Alkohol als natürlichem Verdünner des Blutes und Beschleunigers des Stoffwechsels komme ich noch mal zurück). Weil Schmerz der (beschädigten) Leber Müdigkeit ist, verlierst du nach gewisser Zeit deinen Antrieb und an Lebensqualität.

5. Zentral wirkende Antihypertensia, z. B. Cynt: Durch das Verringern der Ausschüttung von Katecholaminen (Stresshormonen) senkt es den Blutdruck. Es ist sehr teuer und natürlich nicht ohne Nebenwirkungen.

Und du!
Bei regelmäßiger Bewegung in frischer Luft in natürlicher Umgebung sorgst du dafür, dass deine Zentrale genügend Sauerstoff bekommt und regulär von einer Glückshormonwelle überschwemmt wird. Für einen glücklichen Optimisten ist kein Stress gefährlich. Wenn du vor Stress keine Angst hast, so wirst du immer zurechtkommen.

Diabetes Typ II

Du hast in der letzten Zeit gemerkt, dass du oft müde, schläfrig bist, nach einer durchgeschlafenen Nacht morgens müde aufwachst.

Du hast oft Juckreiz, du trinkst zu viel, du urinierst zu oft?

Du hast dich zum Arzt begeben. Dieser hat diagnostische Untersuchungen von Blut und Urin gemacht und hat festgestellt, dass du Diabetes Typ II hast, das sich durch einen erhöhten Blutzuckerspiegel und oftmals durch die Anwesenheit von Zucker im Urin kennzeichnet. Oftmals stellt der Arzt zusätzliche Probleme fest:

Übergewicht, meist in Form von Fettansammlung im Bauchbereich, die sogenannte toxische Fettleber, Bluthochdruck, ein erhöhter Lipidspiegel im Blut, Anzeichen von Arteriosklerose. Bedenke, dass das Problem von Diabetes Typ II nur der Gipfel von dem recht Schlimmen ist (so wie der Gipfel eines Eisberges).

Meistens ist der Körper schon eine lange Zeit dysreguliert (aus Homeostase/Gleichgewicht geraten).

In der 1. Phase kommt es zu überschüssigen Sprüngen des Blutzuckerspiegels, hauptsächlich nach kohlenhydratreichhaltigen und mit einem hohen glykämischen Index gekennzeichneten Mahlzeiten (d. h., dass die Kohlenhydrate leicht resorbierbar waren und gleichzeitig die Langer-Hauser-Inselchen in der Bauchspeicheldrüse zur Insulinproduktion stimuliert haben).

Die 2. Phase ist die Umwandlung des unnötigen Zuckers in Fett. Du nimmst zu und/oder gleichzeitig entwickelt sich Arteriosklerose (Ablegen von Cholesterin an den Arterienwänden). In dieser Phase produziert die Bauchspeicheldrüse sehr intensiv Insulin (Hyperinsulinämie).

Die 3. Phase: Sogar nüchtern bleibt der Blutzuckerspiegel über der Norm, sodass sehr oft oder stets der Nierenwert 180 mg% übersteigt. Der Zucker flieht über die Nieren, indem er Wasser und Mineralsalze mit sich nimmt. Du trinkst oft und viel und musst oft urinieren.

An diesem Zeitpunkt hast du dich beim Arzt gemeldet.

Konntest du das früher tun? Ja, das konntest du.

Wir haben früher gewarnt, dass du vielleicht zugenommen hast, Anzeichen der Arteriosklerse (Schwindel, Ohrgeräusche oder ähnliches) bekommen hast und verwest bist (chronische Infektionen jeglicher Art).

In der 1. und 2. Phase beobachten wir verschiedene Infektionen. Meistens sind es Hautinfektionen, wie Hautpilz, manchmal sind es Infektionen des Magendarmtraktes, z. B. juckende Hämorrhoiden, manchmal sind es chronische oder rezidivierende Atemwegsinfekte. Manchmal treten unerklärbare Kopfschmerzen auf, die an Migräne erinnern, aber auch kurze Bewusstlosigkeitsanfälle oder Angstdepressionen, die mit dem schwankenden Blutzuckerspiegel zusammenhängen, treten in Erscheinung. Wenn du auf diese Erscheinungen achten würdest und dich zum Arzt begeben würdest, dieser einen Glukosetoleranztest machen würde, dann wüsstest du es früher.

Du gehst aber erst mal nicht zum Arzt. Du wartest einfach, bis das Zuckerkoma oder der Schlaganfall kommen.

Weil du jetzt nicht klüger geworden bist, die Kohlenhydrate nicht minimalisiert hast, deinem Körper zu wenig Sauerstoff geliefert hast, hat dein Körper die Funktion von Insulin auf deine Gewebe blockiert. Es ist die sogenannte Insulinresistenz aufgetaucht: Der Zucker fließt nicht mehr ins Zellinnere und bleibt im Blut. Und was ist mit den Zellen?

In ihnen passiert das, was du schon lange tun solltest: die unvollständige Fettverbrennung zusammen mit der Produktion von Aceton. Im Blut und im Urin bilden sich Ketonkörper, der Appetit sinkt, vielleicht bekommst du Fieber, du nimmst rapide ab.

Aber macht das einen Sinn sich in diesen Zustand zu versetzen?

Was macht der Arzt? Er erwähnt das Problem des Übergewichts und des Mangels an Bewegung und verschreibt:

1. Wenn du noch nicht zu dick bist, dann verschreibt er sicher ein Medikament aus der Gruppe der sogenannten Sulfonylharnstoffe oder neuere, teurere, ähnlich wirkende Medikamente. Diese senken den Blutzuckerspiegel, indem sie die Reserven von Insulin aus der Bauchspeicheldrüse auswerfen lassen und damit für höhere Insulinspiegel sorgen.

Nebenwirkungen: Das Risiko der Unterzuckerung, aber noch schlimmer: das Zunehmen. Wenn du nicht besonders dick warst, dann wirst du sicher nach einer Weile dick. Aber was am schlimmsten ist, weil hohe Insulinspiegel eine zellproliferative Wirkung haben, kommt es gehäuft zur Entwicklung von Geschwülsten (u. a. Krebs). Deswegen raten in letzter Zeit Ärzte zu regelmäßigen Dickdarmuntersuchungen bei Diabetikern, die insulinsekretionsstimulierende Arzneimittel und Insulin verwenden.

2. Wenn du schon dick bist, dann wird der Arzt mit Sicherheit vermuten, dass du insulinresistent bist und verschreibt dir Metformin oder eines der neuen, teuren Medikamente, die die Glukoneogenese in der Leber hemmen und/oder die Insulinsensibilität deiner Zellen verbessern.

Du weißt mit Sicherheit, weswegen sich die Insulinresistenz gebildet hat?

Weil der Körper nicht mehr anders konnte. Habe keine Angst vor ihr. Du weißt was die Glukoneogenese bedeutet, das Frühstück in deinen Venen! Du weißt doch, was du morgens als erstes machen musst!

3. Wenn die o. g. Medikamente nicht helfen, verschreibt dir dein Arzt mit Sicherheit Insulin. Er wird probieren dich zu retten.

Zusätzlich bekommst du mit Sicherheit:

1. Mittel, die den arteriellen Druck senken. Den Blutdruck müssen wir auf möglichst niedrigem Niveau halten.
2. Medikamente, die den Cholesterinspiegel LDL (bis unter 100 mg) senken,
3. Du bekommst außerdem Vitamine für Diabetiker. Dein Arzt muss doch deine Augen vor Blindheit und deine Füße vor dem Amputieren schützen.

Muss das alles sein? Überlege, vielleicht geht das auch anders, vielleicht kannst du etwas von dir aus geben?

Es wirkt sich positiv auf deine Gesundheit aus. Du sparst dein Geld und das Geld der Krankenkassen. Du hilfst anderen, die von sich aus nichts mehr geben können, weil sie noch schwerer krank sind, weil sie in der Dritten Welt geboren sind und nicht einmal Geld für Brot haben, ihre Kinder nicht zur Schule und kranke Menschen nicht in Krankenhäuser schicken können.

Arteriosklerose, Atherothrombose, Herzinfarkt, Herzinsuffizienz, Schlaganfall, Demenz, schlechte Durchblutung der unteren Extremitäten, Gangräne, Beinamputation

Vielleicht lässt du dich seit ein paar Jahren aufgrund von Bluthochdruck oder Diabetes behandeln. Vielleicht hattest du periodisch ein Gefühl von Luftmangel und Schmerzen im Brustkorb während stärkerer Belastung oder bei stressigen Situationen. Vielleicht hattest du kurzfristige Sehstörungen, Sprechstörungen oder Bewusstseinsverlust. Vielleicht ist dir während eines schnellen Laufs aufgefallen, dass du Schmerzen in den Beinen hast, wodurch du gezwungen warst anzuhalten. Vielleicht hast du phasenweise kalte Beine, kalt in keinem Vergleich zur Umgebungstemperatur.

Es konnte passieren, dass du diese Hinweise nicht wahrgenommen hast. Es konnte wie ein Blitz vom Himmel auf dich treffen ohne erkennbaren Grund (stressbedingt vielleicht?). Du hast einen unerträglichen, brennenden Schmerz im Brustkorb gefühlt, Angst und Atemnot. Oder du hast plötzlich die Bewusstlosigkeit verloren. Du wolltest aufstehen, dein Körper hörte aber nicht, war gelähmt, du konntest nicht sprechen.

Oder du hast ein starkes Ziehen im Bein verspürt. Dein Bein ist blasser geworden, verfremdet.

Die zuletzt erwähnten Fälle, die lebensgefährlich sind, nennen wir schwerwiegende Ereignisse der schweren Durchblutungsstörungen. Deren Ursache ist Atherothrombose, die Folge von langjähriger Bildung von Atherosklerose (Arteriosklerose) in deinem Körper.

Du bist im Krankenhaus eingetroffen, hoffentlich schnell, spätestens nach ein paar Minuten, nach einer halben Stunde. Dank des engagierten medizinischen Personals, der modernen Geräte, sehr teurer, lebensrettender Medikamente, der Erkenntnisse vieler Wissenschaftler und der Erfahrungen der Ärzte, guter Organisation hast du überlebt. Hoffentlich ohne größere Schäden am Körper.

Der Thromb (Blutgerinnsel) oder das Plaque, die Ansammlung von Schmutz (Cholesterin, Kalk), die die Arterie im Herz, Gehirn, Bein blockiert hat, wurde aufgelöst, beseitigt. Die schmale Arterie wurde mit Hilfe eines Ballons gebreitet oder gesäubert oder man hat den schmalen Teil der Arterie ausgewechselt mit z. B. einem Stück Vene aus deinem Bein (Bypass).

Man hat deinen Körper wieder in Bewegung gebracht durch Physiotherapie, Krankengymnastik, etc.

Du hast teuere, sehr teuere Medikamente bekommen, deren Aufgabe es ist, solch einen Zustand (Rezidiv) zu meiden und deine Überlebenschancen so groß wie möglich zu halten.

Und Du!
Du kehrst zum normalen Alltag zurück. Du hast überlebt und freust dich. Deine Ärzte mahnten dich zwar stark, aber du hast überlebt. Du rauchst wieder, bewegst dich, aber nur mit Hilfe eines Autos, Fahrstuhls oder einer Rolltreppe. Zum Frühstück isst du wieder Toasts mit Marmelade, mittags Nudeln. Abends isst du Weißbrot mit fettarmem Hühnerbrustschinken und schluckst täglich eine Handvoll teuere, moderne und wirkungsvolle Medikamente. Diese haben ja aber auch Nebenwirkungen.

Es tauchte eine Blutung im Magen oder Darm auf. „Was habe ich denn für einen Idioten als Arzt? Er weiß doch, dass Aspirin das Blut verdünnt, aber den Magen beschädigt. Er hat es vielleicht vergessen oder wollte keinen Schutz für meinen Magen geben. Aber das Schutzmittel für meinen Magen, das ich endlich bekommen habe, ist wohl auch nicht so gut, weil es einen Haufen von Nebenwirkungen hat. Ich kann nicht einmal Alkohol trinken, wenn ich es nehme. Schluss mit feiern mit den Kumpels. Zum Teufel mit so einer Medizin!“

Oder du hattest Pech: ein beschädigtes Herz nach dem Infarkt. Du kannst dich kaum bewegen. Auf ebenen Flächen geht es noch, auf der Treppe geht es nicht mehr. Es vergehen Tage, Wochen, du verspürst Luftmangel, sogar im Ruhezustand.

Es gibt keinen Ausweg: Du brauchst ein neues Herz und Lungen. Gut, dass es Frühling ist. Die jungen Motorradfahrer sind wieder auf den Straßen!

Du hattest ein anderes Pech und trotz Bemühungen seitens der Ärzte verfärbt sich dein Bein von blau nach schwarz. Du konntest es nicht mehr spüren, du hast Fieber bekommen, Zitteranfälle. Die Ärzte haben Gangrän diagnostiziert. Es blieb die Wahl zwischen Amputation und Tod. Du hast das Leben gewählt. „Was ist das bloß für eine Medizin, wo sind ihre Fortschritte?“

Du hast kein Bein, bewegst dich nur mit Hilfe von Krücken, später bekommst du eine Prothese. Du läufst, aber du quälst dich: „Seht nur, was für Stress ich habe. Ich soll nicht rauchen und soll mich bewegen? Sch... wie? Gebt mir ein neues Bein, dann werde ich laufen!"

Oder anders! Du hast dein Bewusstsein nach Stunden, Tagen oder auch Wochen wiedererlangt. Alle Menschen haben sich um dich gesorgt. Das weiße Personal, die freundlichen Krankenschwestern. Du hast keine Wundstellen, du kannst mit der Rehabilitation anfangen, aber es mangelt an Kraft. Alle um dich herum bemühen sich: Krankengymnastik, Massagen, Sprach-Sprechunterricht, Hilfe beim Wiedererlernen der Sphinkterkontrolle. Es gibt Hoffnung. Aber die Zeit vergeht; Monate, ein Jahr und trotzdem: Dein linker Arm und dein linkes Bein sind immer noch taub. Deine Aussprache ist undeutlich. Du bist immer noch sehr schwach. Es ist lediglich etwas besser als vorher geworden.

„Aber was hilft das alles? Ich bin an den Rollstuhl, ans Bett gefesselt. Ich fühle mich wie ein Kind, wie ein Säugling."

Menschen umgeben dich, die nicht mehr in der Lage sind für sich, für andere etwas zu tun. Sie können nur nett zu deinem Pfleger, deinem Arzt sein.

Wer ist an der Misere schuld?

Du sagst vielleicht: „Meine Gene, Eltern, Großeltern, vielleicht die Zivilisation, die Umwelt und ich?" ICH!?

Angst! Krebs!

Während meines Medizinstudiums, später während meiner über 27-jährigen Tätigkeit als Arzt, habe ich mir Gedanken gemacht, was Krebs ist. Woher er kommt. Eine der ersten Theorien, über die wir im Studentenwissenschaftskreis diskutierten, nannten wir „Mülltheorie". Umso älter und erfahrener ich wurde, desto mehr sprach für die Theorie.

Zuerst aber bezog die offizielle Wissenschaft Stellung dazu. Die wichtigsten Ursachen:

Ursache 1: Unser Genom.
Ein Teil der Geschwülste (Krebs) zeigt die Tendenz zur Vererbung, z. B. Krebs des Dickdarms wird zu ca. 5–15 % vererbt. Während der Replikation der DANN/RNA kommt es zur Fehlerbildung. Trotz Bemühungen seitens der Reparaturmechanismen im Zellinneren diese Fehler zu beheben, vergrößert sich die Anzahl der Fehler teils durch die Belastung unseres Körpers durch radioaktive Strahlung, Chemikalien und sogenannte freie Radikale.

Ursache 2:
Viren und/oder immunsystemschwächende Krankheiten, (z. B. AIDS verursacht oftmals den „Kaposie"-Krebs und das Epstein-Barr-Virus), die das Auftreten von Lymphomen begünstigen (Krebs von unserem lymphatischen System).

Ursache 3:
Chronische Entzündungen, z. B. chronische Schleimhautentzündung des Magens mit der Anwesenheit von Bakterien in Form von Helicobakter pylori, begünstigen das Auftreten von Magenkrebs. Bei Patienten, die an chronischer Darmentzündung in Form von Crohn leiden, tritt öfter Darmkrebs auf.

Wodurch unterscheidet sich eine Krebszelle von einer normalen Zelle?

Erstens ist das unsere eigene Zelle, die, sagen wir mal, verrückt oder trotzig geworden ist. Was heißt das?

Alle mehr oder weniger gesunden Zellen unseres Körpers funktionieren wie Soldaten in einer großen Armee. Jede kennt ihren Platz, kennt ihren Pluton, ihre Kompanie, ihr Regiment (Gewebe, Organ, Körperteil). Sie kennt auch ihre Rechte und vor allem auch ihre Pflichten. Sie weiß wann und auf welchen Befehl sie reagieren soll. Die Zelle sollte wissen, wo ihr Platz ist, was sie tun soll, welche Funktionen sie ausüben soll und wann sie sich vermehren, ja sogar wann sie sterben soll. Unsere Zelle, die durch die oben genannten Ursachen des Krebses verändert wurde, weiß jetzt nicht, was sie tun soll.

Sie ist ganz einfach verrückt geworden und kann ihre Funktion im Körper nicht ausüben. Darüber hinaus vermehrt sie sich unbegrenzt. Sie versendet ihre Zellen mit dem Blutfluss in entfernte Regionen des Körpers, wo sie nicht hingehören. Sie entzieht dem Umfeld Nährsubstanzen. Sie ist ein Parasit, noch schlimmer. Sie verhält sich wie „gehirnlose" Bakterien. Sie kann zwar mit ihnen nicht konkurrieren, denn Bakterien vermehren sich meistens viel schneller. Eigentlich vermehren sich die trotzigen Zellen gar nicht so schnell, wie es die gesunden, aber gestraften Schwesterzellen tun können. Die Krebszelle ist wie das trojanische Pferd, sie gehört zum Körper. Dadurch ist sie für unser Immunsystem schwer zu erkennen. Sie ist unsere eigene Zelle. Sie lebt aber in ihrer eigenen Welt, einer ähnlichen Welt, wie der des eingebildeten Einzellers, der Bakterie, des Hefepilzes. Sie vermehrt sich dort, wo sie Nahrung hat und wo man es ihr erlaubt. Und das geschieht Tag für Tag in deinem Körper.

Öfter, wenn du genetisch belastet bist. Öfter, wenn du in einer „infizierten" Umwelt lebst. Öfter, wenn du chronische Entzündungen hast.

Vergiss jedoch nicht, dass du deine Gene, Eltern, Großeltern nicht ändern kannst. Auf deine aktuelle und zukünftige Umwelt hast du Einfluss; und deine chronischen Entzündungen, dein schwaches Immunsystem – überlege, ob du hier etwas tun kannst? Du solltest es aber!

Kommen wir zu unseren trotzigen Zellen zurück.

Durch Stress wurde dein Immunsystem geschwächt. Vielleicht war das auch ein anderes gesundheitliches Ereignis oder du hast dich einfach schwächer gefühlt.

Ein Parasit (die Masse an Krebszellen, Krebsmasse) hat deinen Körper vergiftet. Er erschwert die Arbeit deiner inneren Organe.

Du meldest dich beim Arzt. Untersuchungen: Diagnose – Krebs. Es sieht schlecht aus, sehr schlecht, aber die Medizin hat Fortschritte gemacht, sehr große Fortschritte. Chirurgie, Chemotherapie, Radiotherapie, Immuntherapie. Diese Prozeduren haben leider Nebenwirkungen und kosten viel, sehr viel.

Aber das menschliche Leben ist doch unbezahlbar.

Du kämpfst, hoffentlich gewinnst du!

Muss das alles so verlaufen?

Eine andere Variante: Du weißt, wie wichtig Vorsorge und die Früherkennung gerade bei Geschwülsten ist.

Du bist reich oder lebst in einem reichen Land mit einem Sozialstaat.

Du hast während einer Blutuntersuchung sogenannte Tumormarker überprüfen lassen.

Ein Wert ist erhöht. Du weißt, dass etwas in deinem Körper nicht in Ordnung ist. Du suchst zusammen mit deinem Arzt. Zuerst sonographische, dann radiologische Untersuchungen: Computertomographie, Scintigraphie – nichts.

Es gibt noch eine PET-Untersuchung, vor der du hungern musst. Du bekommst dann eine Tropfflasche mit isotopenmarkierter Glukose. Sie schieben dich in eine „Röhre". Sie überprüfen, welches Gewebe zuerst die Glukose aufnimmt, welches am meisten gefräßig ist!

Er ist da – du siehst ihn – er sitzt da einfach herum, dieser Parasit. Gut, dass du ihn frühzeitig erkannt hast. In diesem Zustand kann man ihn herausschneiden, bestrahlen, mit Chemie töten.

Aber das alles vielleicht nur bis zum nächsten Mal.

Willst du dich noch einmal dieser Prozedur stellen? Hast du genügend Geld dafür? Oder haben die Krankenkassen, dein Staat, die Welt, in der täglich Millionen von Menschen an Hunger sterben, genügend Geld dafür?

Kommen wir zum Anfang der Geschichte zurück, zum Zelltod.

Unsere eigene Zelle ist verrückt geworden. Sie gehorcht nicht. Sie lebt in ihrer eigenen Welt, ähnlich wie das Leben des Einzellers, der Bakterie, die sich dort vermehrt, wo sie Nahrung hat und wo man es ihr erlaubt. Wo ist es am einfachsten für Bakterien sich fortzupflanzen?

In Dreck und Mist!

Du „vermüllst“ deinen Organismus. Du isst, was dir zwischen die Finger kommt. Hauptsache deine „Zentrale“ ist zufrieden. Du rauchst, verbringst die meiste Zeit im geschlossenen Raum, du „verstaubst“ deine Atemwege. Du gehst nicht spazieren, weil es kalt ist, weil es regnet, weil der Wind weht.

Du kannst dich erkälten oder sogar schwitzen.

Du sorgst doch für Hygiene: Du wäschst dich, du badest, du benutzt Deo. Man kann sagen, dass das Äußere super ist, aber das Innere „verdreckt“ ist.

Ich habe eine Frage: Wer bist du? Ein etwas intelligenterer Affe? Zwar mit einem etwas größeren Gehirn, dafür aber mit einem immer öfter vergammelteren Körper.

Du sagst vielleicht, dass es die Schuld deines Genoms, der ungünstigen Sternanordnung, der Bestimmung, des Schicksals ist. Manche Wissenschaftler sagen sogar, dass alles schon vorab vorbestimmt ist und dass der Mensch keinen freien Willen besitzt. Wozu gebe ich mir dann überhaupt die Mühe, wozu schreibe ich das alles?

Vielleicht macht mein Schreiben aber doch Sinn?

Sehen wir uns die Geschichte der Menschen an. Sehen wir uns an, was wir durch mündliche Überlieferung wissen, was wir aus Büchern und was wir aus Ausgrabungsstätten kennen. Von allem, was unsere Zivilisation bildet.

Es gab und gibt immer Menschen, die ein Beispiel gaben, wie Gesellschaft, Menschengruppen, einzelne Menschen leben sollten. Seien es Schamanen oder Vertreter von Religionen, sie alle lehrten uns Enthaltsamkeit, unseren Körper zu kontrollieren, unsere Nächsten und Gott, der die Welt geschaffen hat und der eigentlich die Welt ist, zu ehren.

Bist du ein Gläubiger, so hältst du dies für richtig.

Bist du Atheist oder Materialist, es gibt keinen Unterschied, denn du siehst die Welt, du lebst auf der Welt, du bist ein Mensch, du hältst dich an die Regeln der menschlichen Ethik.

Du willst doch nicht nur etwas intelligenter als die anderen Affen sein.

Kommen wir aber zum Titel unseres Kapitels, dem-Krebsproblem, zurück.

Kennen wir Fälle (abgesehen von den Bemühungen der medizinischen Dienste) der sogenannten Selbstheilung? Selten, aber wir kennen sie.

Diese tauchen bei Menschen auf, die ihren Lebensstil auf radikale Weise geändert haben, die daran glaubten, dass es möglich ist. Diese Personen hatten oftmals psychische Unterstützung vom nächsten Umfeld. Bei denen treten oftmals überraschende Ereignisse auf.

Fangen wir mit diesen Ereignissen an.

Es waren hauptsächlich sehr schwere Infektionen, nach deren Überwindung der Krebs einfach verschwand. Überlegen wir, was dessen Mechanismus war. Die im Körper des Kranken sich schnell vermehrenden Bakterien nahmen den Geschwülstzellen Nahrung weg. Die Geschwülstzellen haben, wie schon gesagt, einen langsameren Stoffwechsel und vermehren sich langsamer.

Und unser Organismus? Er hatte in diesem Moment zwei Feinde: Krebszellen und Bakterien. So aktivierte er mit letzter Kraft nicht nur die Verbrennung von Fett, sondern auch von Proteinen. So „brannte" er, indem er Aceton produzierte. Zum Glück ist er selbst nicht völlig abgebrannt, ist aber auf diese Weise zwei Feinde losgeworden. Zwar ist er geschwächt, aber er hat überlebt. Leider passiert das selten.

Ein anderes Beispiel: Jemand, der erfahren hat, dass er Krebs hat, beschließt Veganer zu werden. Er hat sich von der Gesellschaft isoliert und kehrte zum Leben in der Natur zurück. Voller Glauben an Gott oder auch der Kraft der Natur, bewegte er sich viel auf eigenen Beinen und aß nur Obst und Gemüse. Der Krebs verschwand oder hörte zumindest auf zu wachsen. Eine mögliche Erklärung: Durch die Bewegung reinigte er seinen Körper und verbrannte den Überfluss an angesammelter Energie. Gleichzeitig lieferte er durch die Aufnahme von Obst und Gemüse kleine Mengen von Energie, weil er sich nur von Obst und Gemüse ernährte. Wenn man zu viel davon isst, bekommt man aufgrund der im Obst und Gemüse enthaltenen Cellulose nur Durchfall. Man kann sagen: er hungerte.

Was passierte im Inneren des Körpers?

Es wurde immer sauberer: Konnte sich der Parasit, der Krebs ernähren?

Nicht unbedingt. Er hat aufgehört sich zu vermehren und wurde „schlauer", „klüger" und „starb".

Ich hoffe, dass du jetzt weißt, mein lieber Leser (Patient, Arztkollege), was ich unter der „Mülltheorie der Entwicklung der Geschwülste" verstehe.

Es gibt nur eine Schlussfolgerung: Vorsorge, Vorsorge und noch einmal Vorsorge.

Sorge dich um deine Gesundheit, sorge dich um deinen Körper, indem du anderen nicht schadest. Bewege dich und ernähre dich richtig, manchmal kannst du auch etwas hungern. Sei es am Freitag oder am Samstag. Sei es zweimal im Jahr (aber dann für länger) oder sei es einmal im Jahr (aber dann für noch länger).

Hungern heißt nicht überhaupt nichts zu essen. Das heißt einfach weniger und anders. Du reinigst auf diese Weise deinen Körper, du bringst Ordnung hinein!

Allergien und Autoaggressionserkrankungen (Autoimmunerkrankungen)

Wie trickse ich meinen Körper aus?

Eines der immer größer werdenden und nicht nur in den Industrieländern vorkommenden Probleme sind Allergien und Autoaggressionserkrankungen, sogenannte autoimmunologische Erkrankungen. Beide Arten der Erkrankungen hängen mit den Funktionsstörungen unseres Immunsystems zusammen, dessen Aufgabe ist, dem übermäßigen Vermehren von Mikroorganismen auf der Hautoberfläche und auf den Schleimhäuten vorzubeugen und fremde bzw. verfremdete Organismen, die in unseren Körper eingedrungen sind bzw. sich in ihm gebildet haben, zu eliminieren.

Allergien sind Reaktionen in unserem Körper auf Substanzen, z. B. Baum-, Graspollen, Nahrungsprodukte, die keine Gefahr für ihn darstellen.

Zu den Erkrankungen allergischen Ursprungs zählen: Heuschnupfen, Bronchialasthma, Hautallergien in Form von z. B. Nesselsucht oder Neurodermitis.

Autoimmunologische Erkrankungen sind pathologische Reaktionen unseres Immunsystems, das mit Hilfe von Antikörpern oder mit Hilfe der immunologischen Zellen unsere eigenen Gewebe angreifen, z. B.:

- Darmschleimhaut in Morbus Crohn oder Colitis ulcerosa
- Schleimbeutel in chronischer Polyarthritis (Gelenkentzündung)
- Bindegewebe bei Lupus erythematodes
- Muskelgewebe in Myositis
- Schilddrüsengewebe in Morbus Basedow und Morbus Hashimoto
- Bauchspeicheldrüsengewebe (Langerhans-Inseln-Gewebe) in den meisten Fällen von Diabetes mellitus Typ I
- Nervengewebe in Multipler Sklerose
- Gefäßwände in Morbus Raynau oder Arteritis nodosa

Beide Gruppen der Erkrankungen sind teilweise genetisch bedingt. Es wurde bewiesen, dass bestimmte Gruppen von Menschen, die genetisch bedingt Kompositionen sog. Antigengewebe haben, häufiger daran erkranken.

Eine große Rolle spielen die Umweltveränderungen, ihre Verschmutzung, chemische Haushaltsmittel und chemische Hygienemittel, Konservierungsstoffe in den Lebensmitteln, mit denen unser Körper früher keinen Kontakt hatte.

Sehen wir uns das Problem aus unserer Sicht an:

Du sorgst dich nicht um die Hygiene des Inneren, du bewegst dich nicht genügend und richtig und unter richtigen Bedingungen (du lieferst dem Körper ungenügend Sauerstoff). Du isst zu viele Kohlenhydrate, speziell die mit hohem glykämischem Index und zu viele sich schnell resorbierende Proteine.

Fette begrenzt du stark oder du isst schlechte, industriell hergestellte Fette aus kurzer Nahrungskette.

Was passiert in dieser Situation mit deinem Körper?

Du nimmst zu und/oder vergammelst. Dein Kind nimmt zu und/oder vergammelt.

Nehmen wir an, dass du vergammelst (Mikroorganismen in deinem Körper ernährst, die, während sie essen haben, sich vermehren). Es gibt schon viele Mikroorganismen in deinem Körper, es besteht die Gefahr, dass sich selbstständig durch eine genetische Mutation Stämme von außergewöhnlich gefährlichen, pathogenen Bakterien bilden, die sich dann auch von deinem Körper ernähren wollen und können.

Erlaubst du, dass dein Körper stirbt? Nein!

Damit dein Körper nicht stirbt, hast du dein Immunsystem, deinen Beschützer. Es geht über zum Kampf, wenn es etwas Fremdes sichtet.

Es verletzt Mikroorganismen, tötet sie, frisst sie auf, bringt Ordnung hinein. Alles schön und gut.

Aber die Zellen des Immunsystems werden im Knochenmark produziert.

Sie müssen aber die Bakterien aus der Haut und den Schleimhäuten des Darms und der Atemwege verjagen.

Und woraus bestehen sie, woraus besteht das Knochenmark? Hauptsächlich aus Fett (aus gekochter Haut und Knochen erhältst du fettige Fleischbrühe).

Du aber, du hast Fett entweder nicht gegessen oder es war schlechter Qualität.

Du hast deine eigenen Kämpfer geschwächt.

Das ist nicht alles, was du falsch gemacht hast!

Die Wände der Bakterienzelle bestehen hauptsächlich aus Kohlenhydraten und Proteinen. Die Wände deiner eigenen Zellen bestehen hauptsächlich aus Fetten und Proteinen, aber auf deren Oberfläche befinden sich Substanzen, die wie Antigene wirken. Diese Antigene erlauben Unterscheidung der Zellen von anderen Individuen (die z. B. eine andere Blutgruppe haben) aber auch von fremden Arten und von fremden Zellen. Was sind das für Substanzen?

Das sind Verbindungen, deren Hauptbestandteil Mehrfachzucker (Kohlenhydrate) sind, die auf der Oberfläche von Baum- und Graspollen und Bakterien sind.

Sieh nach, was deine Blutgruppe bedeutet O, A, B, AB, was über sie entscheidet, welche konkrete Substanz?

Und du hast deinen Körper von schnell resorbierenden Kohlenhydraten und Proteinen ernährt. Du hast Mikroorganismen gefuttert und deinen Körper vernachlässigt. In solch einem Chaos kann man sich leicht irren. Also wundere dich nicht, dass deine Kämpfer (Zellen deines Immunsystems) sich auch irren. Während sie Mikroorganismen, Bakterien, Pilze angreifen, fangen sie an, eigene Gewebe auch anzugreifen. Es kommt zu chronischen Entzündungen. Aus einem Kampf wird ein langfristiger Krieg. Es gibt tote Bakterien, aber auch eigene tote Zellen. Wie soll man die toten/verwesenden Bakterien, den toten/verwesenden Pilz von einer eigenen toten/verwesenden Zelle unterscheiden? Schwer, oder?

Die Situation eskaliert. Du fühlst dich schlecht, deine Knochen tun weh, der Kopf, die Gelenke; du hast Husten, du hast Atembeschwerden.

Du gehst zum Arzt.

Und er, er rät dir Pollen, Allergene zu meiden, vielleicht Desensibilisierung. Er verschreibt Mittel, die allergische Reaktionen blockieren, Mittel für Schmerzlinderung, Mittel, die die Bronchien erweitern (alles, versteht sich, nicht ohne Nebenwirkungen).

Sie haben nicht geholfen!

Aber die Medizin hat noch andere starke Mittel:

Kortison, Zytostatika, neuartige Immunmodulatoren (mit einer Menge Nebenwirkungen, z. B. Knochenschwund, Bluthochdruck, Diabetes, Anämie, Haarausfall oder Haarwuchs an ungewöhnlichen Stellen).

Es gibt aber keinen Ausweg, du fühlst dich immer schlechter. Ihr habt euch entschieden (du und dein Arzt), diese Waffen zu nutzen.

Und was ist?

Du tötest mit Kortison, Zytostatika und anderen Mitteln deine kleinen Kämpfer. Du blockierst die Möglichkeit der Antikörperproduktion (deren Pfeile). Du blockierst deren Informationsnetz. Du zerstörst deine eigene Armee!

Um ein besonders gutes Wohlbefinden zu haben, zerstörst du deinen eigenen Körper. Du hast ihn reingelegt, ja!

Hattest du einen anderen Ausweg? Ja, aber ob du das glaubst, ist deine Sache.

Du solltest die Mikroben nicht füttern, früher für Ordnung sorgen, deine Zellen mit Sauerstoff und richtigen Nährstoffen versorgen.

„Aber die Waffe, das Kortison, das Zytostatikum, hat mir das Leben gerettet. Es ist klar, dass es viel kostet."

Aber mein Lieber, diese Waffe trägst du in dir.

Meide Allergene – das stimmt, aber du sollst dich trotzdem bewegen.

Wenn du eine Pollenallergie hast, solltest du dich im Herbst und im Winter in frischer Luft bewegen, wenn sich keine Baum- und Graspollen in der Luft befinden. Ist es Frühling, Sommer-Pollenzeit, so gehe schwimmen.

Was bringt das?

Oberhalb deiner Nieren befindet sich ein Organ, die Nebenniere, dessen äußerste Schicht Kortison produziert. Umso mehr du dich bewegst, umso schlechter das Wetter, umso niedriger die Temperatur, desto mehr Kortison wird hergestellt. Es wird aber nicht so viel produziert, dass es deine Kämpfer (Zellen des Immunsystems) umbringt. Aber es wird genügend Kortison produziert, dass es zur Ordnung kommt und dass die Zellen wissen, wer Freund und wer Feind ist.

Chronische Atemwegserkrankungen, Lungenemphysem/COPD, d. h., bis zu welchem Grad man perfide im Hinblick auf seinen Körper und den Körper der Nächsten sein kann.

Stell dir Nordamerika im 18., 19., Anfang des 20. Jhdts. vor.

Eine Versammlung der alten Indianer. Sie sitzen im Kreis um ein Lagerfeuer herum und rauchen Friedenspfeife. Junge Krieger messen ihre physischen Kräfte, die während der Jagd oder des Krieges von Nutzen sind. Junge Frauen sorgen um die Kinder. Die älteren Frauen gerben das Leder, bereiten Kleidung vor. Konzentrierte Gesichter der alten Kämpfer, Aussprachen über die Zukunft des Stammes. Die Pfeife wird weitergereicht, Rauchwolken.

Ein anderes Bild: Eine Pause in der Schule, 7. Klasse, irgendwo in Europa oder Nordamerika. Eine Gruppe von Mädchen und Jungen sitzt auf einer Bank und raucht natürlich keine Pfeife, sondern Zigaretten. Sie gestikulieren, lachen.

Du fragst mich, wozu die ganze Vorstellung gut ist. Wozu sollte man Zigaretten und Pfeifen vergleichen. Das ist doch dasselbe, das gleiche Nikotin, schadet der Gesundheit und das war alles. Nikotin ist an Lungenkrebs und anderen Erkrankungen schuldig. Du kannst es auf jeder Packung lesen.

Nein, mein Lieber! Nikotin ist eine Arznei, und zwar was für eine!

Du zündest eine Pfeife oder Zigarette an, ziehst an ihr und was passiert?

Der Rauch geht langsam in die Bronchien, in denen er die Wände trocknet.

Das Bronchienlicht wird breiter, es geht mehr Sauerstoff in die Lunge.

Nikotin ist bereits in die Lunge eingedrungen, kommt ins Blut – was für ein Gefühl. Es macht die Bein- und Armarterien schmaler. Es steigert etwas den Blutdruck, man sagt, es zentralisiert den Kreislauf. Mehr Blut, Sauerstoff, Nährsubstanz fließt in dein Gehirn, Glückshormone werden ausgeschüttet.

Du bist glücklich und denkst, dass dein Gehirn intensiver und klarer arbeitet.

Kann es etwas Besseres geben?

Ich erzähle dir mehr. Du bist etwas älter. Du bist 65–75 Jahre alt.

Du beginnst, vergesslich zu werden, Deine Hände zittern. Man sagt, dass du Arteriosklerose, vielleicht sogar Parkinson hast. Du fängst an zu rauchen. Dein Gehirn fängt an besser zu arbeiten, du vergisst weniger. Du siehst, dass deine Hände, dein Bart, alles weniger zittert. Du wirst jünger, gesünder!

Du, mein lieber Leser, sagst, dass das alles vielleicht Quatsch ist. Nein, mein Lieber, das wurde alles wissenschaftlich nachgewiesen.

Was passiert aber bei dem 12- bis 14-jährigen Mädchen, das immer häufiger raucht? Und was passiert, wenn es das Alter von 65–75 erreicht?

Nehmen wir an, dass dieser Teenager regelmäßig raucht, seine Schleimhäute und Bronchien trocknet, den Kreislauf zentralisiert, um besser zu denken, sich besser zu fühlen, um später als Studentin besser zu lernen.

Sie zerstört aber langsam ihr Flimmerhärchensystem, welches eine Reinigungsfunktion von Hausstaub und anderem Schmutz hat. All das fängt an, sich dort anzusammeln, und zu allem Übel sammeln sich dort auch krebserregende Substanzen aus der Zigarette an. Die Bronchienwände schwellen nach innen an, verlieren ihre Elastizität, ihr Licht wird schmaler. Langsam werden auch die Arterien hart und schmal, verengt.

Ihre Freundin, die nicht raucht, bewegt sich und dies führt zu einer besseren Hirndurchblutung. Die Raucherin muss das nicht machen. Ihr Gehirn ist immer noch zufrieden. Morgens muss sie ab und zu husten, um den Schmutz herauszubekommen. Nur, sie kann nicht laufen. Die Beine tun weh, sie bekommt schwerer Luft. Aber egal, die Karriere ist wichtig. Es ist wichtig, das Studium zu beenden. Beide Freundinnen haben das Studium abgeschlossen, mit gutem Ergebnis. Sie haben geheiratet, Kinder bekommen. Hier taucht ein Problem auf. Das Kind der Raucherin ist etwas kleiner. Na klar, es gab einfach weniger Sauerstoff während der Schwangerschaft, vielleicht waren die Arterien des Mutterkuchens tatsächlich etwas schmaler. Aber es wächst noch. Doch das Kind will nicht so gut wachsen, es ist Passivraucher, es wird öfter künstlich gefüttert. Es beginnt zu erkranken: asthmatische Bronchienentzündungen:

„Aber ich lege ihm doch keine Zigarette in den Mund. Ich rauche doch nur in der Küche, im Bad!"

Wir fahren mit dem Auto, viel Verkehr.

„Wie fahren denn die Trottel?" Stress. Wie kann man in dieser Situation nicht rauchen? „Ich rauche, der Ventilator läuft doch."

Hinten sitzt dein Kind. Es beginnt zu husten. Der Kehlkopf ist verengt, es erstickt gleich. Vielleicht ist es diesmal nicht erstickt, vielleicht bist du diesmal schnell genug ins Krankenhaus gekommen. Vergessen wir aber das erst mal!

Du rauchst trotzdem weiter. Nehmen wir an, dass du Glück hast und nicht an Lungenkrebs erkrankt bist. Du bist schon 40–50. Du kannst nachts nicht schlafen. Du wachst auf, läufst in der Wohnung herum. Du bist müde und legst dich wieder ins Bett. Nach kurzer Zeit wachst du wieder auf, und das alles im Kreis. Morgens hustest du etwas und gehst müde zur Arbeit.

„Vielleicht sind es die Wechseljahre, vielleicht die Umwelt, vielleicht ist es die dumme Arbeit."

Nach einer Zeit hast stellt sich Routine ein: Man muss nur ein Schlafmittel nehmen oder ein Glas Milch mit Honig vor dem Schlaf trinken oder einfach im Halbliegen schlafen. Morgens hustest du wieder ein paar Mal, vielleicht blickst du in den Spiegel und denkst dir:

„Falten, Orangenhaut, dünne Beine und ein hängender Bauch. Wie sehe ich denn aus? Stress! Ich rauche weiter, weil ich das Leben bereits hinter mir habe. In der Arbeit Probleme, Mann und Kinder – darüber will ich lieber nicht reden, verflixtes Leben! Ich quäle mich beim Treppensteigen, es ist immer schwerer hinaufzukommen, und die Medizin? Zum Teufel damit, nichts hilft mehr. Wenn etwas hilft, dann nur kurzfristig. Seht her, wie ich mich quäle. Nachts kann ich nicht schlafen. Wenn es schlechtes Wetter gibt, ersticke ich fast. Auch würde ich gerne im Süden leben, z. B. in Italien, da ist das Klima ganz anders. Aber ich muss ja im europäischen Tiefland wohnen. Wieder eine atmosphärische Front, wieder ein Tief. Ich stütze meinen Kopf an den Händen ab, blaue Lippen, blaue Nase, blaue Ohren. Ich kann nicht mehr, ich ersticke. Gebt mir Sauerstoff! Hilfe! Ich bin doch erst 55!"

Degenerative Erkrankungen des Knochengelenksystems: Osteoporose, Arthrose, Osteochondrose, Spondylose

Die oben genannten Erkrankungen gehören zum Prozess des Älterwerdens des Körpers. Deren Entwicklungsphase, das Sichtbarwerden sind von vielen Faktoren abhängig: genetische Faktoren, Umweltfaktoren, Ernährung.

Doch bei deren Behandlung ist eine Sache wichtig: Bewegung.

Wir sollten die Bewegung nur in der Phase, in der sich die Erkrankung zuspitzt, begrenzen. In den restlichen Phasen hat Bewegung einen genesenden Wert. Deshalb lohnt es sich, die Schmerzen durch pharmazeutische Mittel oder Akupunktur zu lindern, sich aber zu bewegen.

Wir müssen daran denken, dass Gelenkknorpel, Bindegewebe der Bandscheiben, keine eigenen Arterien haben. Deren Ernährung erfolgt durch die Diffusion während der Bewegung. Die Knochen werden von kleinen Arterien mit Nährsubstanzen versorgt. Alle Faktoren, die die allgemeine Durchblutung verschlechtern, verschlechtern auch die Durchblutung der Knochen (deshalb wird bei der Behandlung von Osteoporose/Knochenschwund oft Statin empfohlen). Das ist ein Medikament, welches den Blutspiegel an schlechtem Cholesterin (LDL-Cholesterin) senkt. Ein verwahrlostes oder schwaches Knochengelenksystem führt zur Verschlechterung der Lebensqualität in den letzten Lebensjahren und führt oft zu Behinderungen oder zum frühen Tod.

Die sehr großen Fortschritte der Medizin während der letzten über 100 Jahre führten zur Milderung dieses Problems. Dieses Problem verursacht enorme Kosten, die das Sozialsystem des Staates stark belasten. Während wir den kranken Menschen versorgen, sollten wir nicht vergessen, dass er im hohen Grad für die Erkrankung selbst verantwortlich ist.

Bedenken wir, dass der menschliche Körper sehr plastisch ist und sogar im hohen Alter noch umformbar ist. Unsere Gewebe und unsere Knochen werden ständig umgebaut. Man sagt, dass wir alle 8 Jahre neue Knochen haben, denn so lange dauert der Austausch der Mineralsalze und der Proteine der Knochen in neue.

Für große Unruhe sorgt die große Abnahme der körperlichen Aktivitäten bei Kindern, Jugendlichen aber auch bei Erwachsenen in Ländern, die sich in der sogenannten postindustriellen Entwicklungsphase befinden.

Auch die übermäßige Aufnahme von hochverarbeiteten Produkten (für diese wird stets geworben) sorgt für Unruhe. Diese Produkte nämlich führen zur Übersäuerung des Körpers. Dadurch werden Knochen geschwächt (Kalzium wird aus ihnen herausgespült; dieses ist die wichtigste Bausubstanz).

Das steht im Kontrast zu den Problemen, die die Länder in der Industrialisierungsphase erlebten und im Moment die wirtschaftlich schwachen, armen Länder erleben. Dort war und/oder ist das Hauptproblem die Unterernährung, aber auch die zahlreichen Unfälle und Überlastungen des Knochengelenksystems durch zu anstrengende Arbeit (sogenannte Knochenarbeit).

Ein sehr wichtiges Problem, das mit den Erkrankungen zusammenhängt, ist, dass sie uns zeigen, dass unser Körper verbraucht wird, älter wird. Es ist ein neuer medizinischer Teilbereich entwickelt worden, die Anti-Aging-Medizin, welches mit Hilfe von Hormonen daran arbeitet den Alterungsprozess zu verlangsamen. Das Ziel ist sicher gut. Beachten wir jedoch die Mittel, die zum Ziel führen sollen.

Oftmals werden Hormone eingesetzt, die das Risiko für andere Krankheiten erhöhen: Geschwulst, Bluthochdruck, Diabetes, um eine junge Silhouette zu behalten oder um mehr Muskelmasse zu besitzen.

Wir sollten dabei beachten, dass diejenigen, die sich durch Anti-Aging-Methoden behandeln lassen, alles aus ihrer eigenen Tasche zahlen. Bei eventuellen Nachwirkungen zahlt das zusammenbrechende Sozialsystem. Man kann auch anders. Kann man langsamer älter werden und mit Würde sterben?

Ich gebe Ihnen ein Beispiel: Als junger Arzt arbeitete ich in meiner Heimat im nordwestlichen Nachkriegspolen, in Westpommern, dem früher zu Deutschland gehörenden Terrain, in das man nach Kriegsende arme Menschen aus dem östlichen ehemaligen Teil Polens übersiedeln ließ. Diese Menschen verbrachten ihre Jugend in den Gebieten des heutigen Weißrussland, Litauen oder Ukraine. Auch später lebten sie in bescheidenen Bedingungen und arbeiteten sehr hart. Sie kümmerten sich um ihre Kinder, denen sie gute Ausbildungschancen und Existenzchancen schaffen wollten.

Während eines Nachtdienstes wurde ich in eine kleine Siedlung außerhalb der Stadt zu solch einer Umsiedlerfamilie geschickt, um den Tod einer ca. 90-jährigen Frau festzustellen. Als ich dort ankam, erblickte ich den Körper einer kleinen, geschrumpften Frau. Sie hatte immer noch ein Lächeln im Gesicht. Von den Mitbewohnern dieses Hauses hörte ich folgende Geschichte:

Sie ist nach Pommern aus einem durch den Krieg zerstörten Dorf in den Gebieten der heutigen Ukraine gekommen. Anfangs konnte sie keinen Ehemann finden, denn sie humpelte auf einem Bein, das wahrscheinlich nach einem Bruch schlecht zusammengewachsen war. Später aber, so sagte man mir, fand sie einen, der ähnlich wie sie behindert war, auch humpelte. Sie bekamen fünf gesunde Kinder. Sie versuchten sie gut zu erziehen, sorgten um sie. Vier von ihnen wanderten aus in Städte für das bessere Leben. Ein Kind blieb im Dorf, auf dem Hof. Ihr Ehemann starb früh. Sie blieb alleine zurück und sorgte für ihren jüngsten Sohn und für ihre Enkelkinder. Sie arbeitete sehr hart und half auch ihren Nachbarn in schweren Zeiten. In den letzten Jahren sahen alle zu, wie sie schrumpfte, ihre Arme schwächer wurden. Doch sie klagte nicht. Sie wollte nicht von Medikamenten oder gar Krankenhäusern hören. Ihr reichten die ab und zu getrunkenen Kräutertees. Ein paar Tage vor dem Tod hörte sie auf zu essen. Einen Tag, bevor sie starb, ging sie zur Kirche, besuchte ihre Verwandten, ihre Nachbarn. Indem sie allen Lebewohl sagte, ging sie fort. Sie hat sich schlafen gelegt und ist für immer eingeschlafen. Am nächsten Morgen bestätigte ich ihren Tod.

Wenn du nur willst, kannst du auch anders leben, du kannst gesund werden.

Eines Tages tauchte ein Mann, ca. 42 Jahre alt, in Begleitung seiner Frau in meiner Sprechstunde auf. Grund: seine häufig kranken Kinder. Sofort bemerkte ich, dass der Mann schwerfällig atmete, in kurzen Sätzen sprach. Nach der Behandlung der kranken Kinder habe ich den Mann auf seine Verhaltensweisen angesprochen. Er bestätigte, dass er sich seit einiger Zeit immer schlechter fühlt. Er sei bei seinem Arzt in Behandlung wegen Bluthochdrucks. Sein Orthopäde bereite ihn zur Operation zur Einpflanzung eines künstlichen Gelenks vor, da er Veränderungen im Hüftgelenk hat. Die Schuld gab er vor allem seiner schweren Arbeit in einem Geschäft, dessen Besitzer er war. Das Gehalt sollte für die Unterbringung der ganzen Familie reichen. Er muss viel tragen, viel Zeit verbringt er im Transportwagen. Für sich hat er keine Zeit, deshalb hat er so wenig Bewegung und ist so dick. Nach der Suggestion, dass er das Aussehen eines Menschen mit metabolischem Syndrom hat und Diabetes haben könnte, hat er Laboruntersuchungen gemacht. Deren Ergebnisse waren sehr schlecht. Der Zuckerspiegel, der Spiegel des glykosylierten Hämoglobins, der den mittleren Wert des Zuckerspiegels der letzten zweieinhalb Monate zeigt, und der Fettspiegel im Blut gingen weit über die Norm hinaus. Er war in der Zwischenzeit bei seinem Hausarzt, welcher ihm eine Behandlung im Krankenhaus empfohlen hat. Er hat abgelehnt und kam zusammen mit seiner Frau, um sich beraten zu lassen. Nachdem seine Frau gehört hat, welche Lebensstilveränderungen ihr Mann vornehmen sollte, sagte sie, dass er dazu absolut nicht in der Lage sei. Sie sei schon genügend belastet durch die zwei sehr oft kranken Kinder und sei nicht in der Lage, ihm zu helfen. Außerdem sei sie der Meinung, dass man Erkrankungen dieser Art ohne Medikamente nicht behandeln könnte. Trotzdem haben sie den Entschluss gefasst, es zu probieren. Während ein paar Monaten verlor er über 20 Kilogramm. Alle Blutwerte kehrten zurück zur Norm. Er wurde viel lebhafter. Sein Gesicht strahlte. Seine Hüftgelenkbeschwerden haben nachgelassen. Zusätzliche Effekte, durch die Begrenzung der Kohlenhydrate in der Nahrung der Kinder, erkrankten die Kinder kaum!

Ihr sagt vielleicht: Ja, das ist ein Zufall, es kann mal passieren. Vielleicht die Willenskraft, Motivation. Wie lange wird sich der Patient besser fühlen?

Meine Antwort: Das ist nicht der einzige Fall, das ist ein Beispiel aus vielen Fällen. Ob der oben beschriebene Patient sich noch über Jahre gesund fühlen wird, hängt nur von ihm ab. Vielleicht nicht nur von ihm, sondern auch von seiner Frau, seinem Arzt, der ihn nicht nur durch sein Wissen, sondern auch psychisch unterstützen sollte; aber auch von seinem Umfeld, seiner Krankenkasse, die seine Bemühungen schätzen sollte, vom System des Gesundheitsschutzes, das seine Bemühungen belohnen sollte.

Kapitel X

Zusammenfassungen und Folgerungen

1. Nehmen wir an, trotz der Zweifel einiger, dass der Mensch einen eigenen Willen hat und in der Lage ist, sein Leben zu steuern.

2. Wir sollten aufhören einen Menschen/Patienten wie einen Gegenstand zu behandeln. Wir sollten anfangen ihn als ein Subjekt der verstandenen medizinischen Tätigkeiten zu sehen, also als Ärzte möglichst eine informative und beratende Funktion erfüllen.

3. Wir sollten die während Hunderten Millionen von Jahren der Evolution des Lebens auf der Erde ausgetesteten, in der menschlichen Begabung liegenden selbstkorrigierenden Kräfte der Homeostase (Gleichgewicht des Körpers) als Alternative und Ergänzung der konventionellen Medizin nutzen.

Wir sollten der Natur mehr zutrauen und dem Menschen auch.

4. Wir sollten aufhören uns über die Natur zu stellen und ohne Überlegung Medikamente einzunehmen oder medizinische Prozeduren einzusetzen, die lediglich die Anzeichen der Erkrankungen korrigieren, ihre Ursachen jedoch nicht beheben, sich in den menschlichen Stoffwechsel einreihen und gesundheitliche Probleme, wenn überhaupt, dann für kurze Zeit lösen und anschließend oft wegen Abhängigkeit nicht mehr wegzukriegen sind.

5. Diese Medikamente und Prozeduren führen zu einer Kostenlawine und zur Abhängigkeit bei einer immer größer werdenden Gruppe von Menschen/Patienten, deren Körper in einem künstlichen Gleichgewicht kostenintensiv und risikoreich gehalten wird.

6. Wir sollten uns bemühen, als Menschen (bereits Patienten oder potentielle Patienten) die Gründe des Schlechten (der Krankheit) bei uns zu suchen, in unseren früheren oder jetzigen Verhaltensweisen, und zum eigenen Wohl und dem Wohl der Mitmenschen versuchen diese zu eliminieren.

Kurz vor Weihnachten 2006 beobachteten wir im Senatssaal der Humboldt Universität in Berlin eine Podiumsdiskussion mit fünf Professoren, Vertretern von verschiedenen Geistes- und Naturwissenschaften. Das Thema war Willensfreiheit, ob der Mensch einen freien Willen hat.

Ich möchte hier gerne zwei gegensätzliche Aussagen darstellen.

Der Vertreter der Naturwissenschaften, ein Psychologieprofessor, behauptete:

Es gibt keinen freien Willen, alles ist vorbestimmt, es gibt immer eine Ursache unseres Handelns – wir müssen aber genug tief und breit recherchieren.

Anderer Meinung war ein Vertreter der Geisteswissenschaften, Jurist: Willensfreiheit ist Voraussetzung für das Funktionieren einer zivilisierten Gesellschaft, d. h. nur der Mensch, der freie Entscheidungen treffen kann, ist im juristischen Sinne eine Person, deren Handlungen zu beurteilen sind.

Zwischen den beiden gegensätzlichen Stellungen fehlt mir ein Bindeglied!

Falls wir die Vermutung berücksichtigen, dass die o. g. Spiegelneuronen eine Grundlage für die Entstehung menschlicher Zivilisation waren, dann müssen wir feststellen, dass die Basis und die Voraussetzung des menschlichen Handelns nicht nur im Genom und der Historie des Menschen samt Umwelteinflüssen liegt, sondern von den aktiven Interaktionen mit sozialem (zivilisatorischem) Umfeld aktiv gestaltet wird.

So wie die Spiegelneuronen unterschiedlich stark bei Menschen entwickelt sind, kann man annehmen, dass das Ich-Bewusstsein mit der Willensfreiheit auch unterschiedlich stark ausgeprägt ist.

Wo will ich hingehen?

Aufgrund des oben Geschilderten können wir vermuten, dass nicht jedes Mitglied der Gesellschaft voll über sich entscheiden darf. Das ist die Grundlage unserer juristischen Systeme und sollte eigentlich auch von anderen gesellschaftlichen Systemen berücksichtigt werden.

Kehren wir nun zu unseren gesundheitlichen Problemen zurück.

Früher sagte uns ein alter Weiser, wie wir leben sollten.

Anschließend waren es auch Religionen, die das Sagen hatten.

Nun sind es Wissenschaftler und Vertreter des Sozialstaates.

Was sagen die ersten? Bewege dich (das ist ja richtig, aber wann, wie und wo?) und ernähre dich nach dem Motto: „Fünfmal täglich bunter Teller" unabhängig von deinem Alter, von der Jahreszeit, vom Klima, von deiner körperlichen Verfassung.

Und was sagen die anderen: Politiker, Beamten, Kassenfunktionäre, also die Volks- und Versichertenvertreter, die über die Gestaltung unserer Gesundheitsschutzsysteme heutzutage entscheiden?

Also die lassen die Jungen rauchen, ihre Gesundheit zerstören (kleine Ausnahme: zuletzt verabschiedetes Passivraucherschutzgesetz). Gleichzeitig kassieren sie aber Tabaksteuer im Namen des Volkes, und wenn die Kostenlawine auf die Krankenkassen zuläuft, rufen sie zu solidarischem Handeln auf und erhöhen die Krankenkassenbeiträge, damit der Nichtraucher die Kosten der Behandlung des Rauchenden mitfinanziert. Da die Staatskasse meistens leer ist, führen sie die Ökosteuer auf Kraftstoff und LKW-Maut ein. Gleichzeitig verursachen Abgase einen rapiden Anstieg der Allergie-Asthmafälle, deren Behandlungskosten wieder die Versichertengemeinschaft belastet.

Da der Gesundheitszustand der Bevölkerung zu wünschen übrig lässt, finden sie eine Ausrede, nämlich demographische Probleme, alterndes Volk, und das schlecht funktionierende, seit vielen Jahren stets reformbedürftige Gesundheitswesen. Die Budgetierung von ärztlichen Leistungen haben sie vor über 10 Jahren eingeführt, etwas später kam die Budgetierung der Arzneien, rigide Steuerung des ärztlichen Handelns dazu. Ärzte sollten sparen, wie im Hamsterkäfig arbeiten und nicht klagen. Wenn sie es dennoch tun, dann werden sie zwar nicht wie Überbringer von schlechten Nachrichten im Mongolenreich geköpft, aber stark kritisiert, Lobbyisten genannt und abgewiesen. Nun kommt eine neue Reform: Wenn die Ärzte mit Medikamenten sparen, dann sollten sie sogar eine Belohnung bekommen.

Und der Staat, die Volksvertreter, die lassen jegliche Reklame von reinem Zucker und anderem zu, verursachen dadurch einen weiteren Anstieg der Behandlungskosten und kassieren im Namen des Volkes ab!

Die höchste Mehrwertsteuer auf Medikamente in Europa hat Deutschland, unser Vaterland! Also, je schlechter der Gesundheitszustand des Volkes, desto reicher ist der Staat. Irre ich oder habe recht: Unser Vater Staat trickst uns aus!

Gibt es in diesem Staat keine Politiker, die ehrlich sind, die breit und tief genug denken, die sich dank ihrer Spiegelneuronen in die Lage der Bevölkerung versetzen können und versetzen wollen?

Daran, dass sich etwas in der Materie demnächst ändert, glaube ich nicht.

Trotzdem bin ich Optimist.

Ich glaube zum Beispiel daran, dass immer mehr Menschen bewusst und selbstentscheidend gesund leben werden.

Ich glaube auch, dass sich ein Ingenieur findet, der z. B. einen Heimtrainer konstruiert, der meinen übergewichtigen Patienten eine Energieumwandlung ermöglicht und zwar von unnötigen Kilogrammen oder schlechten Fetten in Strom oder auch Wasserstoff, der Gesundheit, der Umwelt und der Finanzen des Staates zuliebe. Dann braucht der Staat nicht mehr so viel Öl oder Gas zu importieren.

Weiters glaube ich daran, dass sich ein Biologe oder Spezialist im Bereich der Landwirtschaft findet, der die Herstellung von Nahrung wirklich guter Qualität organisiert.

Ich glaube daran, dass sich ein Soziologe findet, der eine bessere Organisationsform des gesellschaftlichen Lebens beschreiben und durchsetzen kann. Als deren Grundlage sollte er eine Art Wettbewerb miteinbeziehen:

- im Gesundbleiben
- im Gesundwerden
- im Gesundzeugen
- im Gesundgroßziehen
- im Gesunderziehen/zur Gesundheit erziehen
- im Gesundsterben

Unter Beachtung der menschlichen Ethik und Schonung von Umweltressourcen.

Kapitel XI
Diätempfehlungen

Bei der Formulierung der Diätempfehlungen habe ich mich teilweise an der Arbeit von Dr. Robert Atkins und Dr. Jan Kwasniewski gestützt. Vor allem habe ich auf eine periodische Begrenzung und manchmal Ausschließung von kohlenhydrathaltigen Produkten in der Nahrung hingewiesen. Trotz Bewunderung für den Mut, Veränderungen im Hinblick auf die Ernährung gegen offizielle Stellung erkämpfen zu wollen, teile ich nicht vollständig deren Meinung.

1. Wie Sie bemerkt haben, empfehle ich nicht eine Diät für das ganze Leben für alle Menschen.

2. Meiner Meinung nach sollte die Nahrung, die wir verspeisen, in möglichst natürlicher Umgebung (typisch für die Klimazone und die Jahreszeit, in der wir leben) und mit vorsichtiger Zubereitung hergestellt werden, damit die Gesellschaft einen guten Gesundheitsstand erlangt.
   Das verursacht mit Sicherheit eine Begrenzung der industriellen Produkte und einen Trend der Antiglobalisierung (wir sollten gute Ideen globalisieren und nicht unseren Lebensstil unifizieren).

3. Wir sollten daran denken, dass das Leben Bewegung ist, und wir sollten essen, um zu leben und nicht andersherum (das sollte uns trotzdem vom Vergnügen am Essen nicht abhalten).

Im nächsten Teil stelle ich Ihnen Gerichte vor, die von meiner lieben Frau vorbereitet wurden. Diese werden in der 1. Phase der Diät, der kohlenhydratarmen Diät (aber nicht nur) empfohlen. Die Ausgangsprodukte werden möglichst nicht industriell hergestellt und sind in den Klimabedingungen des europäischen Tieflands leicht aufzufinden.

Wochenmenü

Montag

Frühstück

Rührei aus ca. 10 Eiern in Butter gebraten

Gurkensalat: Gurke schälen, in Scheiben schneiden, mit Salz und Pfeffer würzen, 3–4 Esslöffel Sahne zugeben, gut vermischen

Mittagessen

Gurkensuppe

Zutaten: ca. 300 g Schweinerippchen, 1 Möhre, 2 Petersilien, Stück Sellerie, Porree, 2 Kartoffeln, 4 eingelegte Gurken

Schweinerippchen in gesalzenem Wasser kochen. Gemüse zerreiben, Kartoffeln in Würfel schneiden. Gemüse zu den Rippchen zugeben, kochen. Am Ende des Kochvorgangs die zerriebenen Gurken zugeben. Suppe mit Salz, Pfeffer und Sahne verfeinern.

Hackbällchen mit Spinat

Zutaten: ca. 600–700 g Hackfleisch, 1 Päckchen Spinat, 1 Ei, 1 Zwiebel, geriebene Semmel, Mehl, Salz, Pfeffer

Spinat in Butter anbraten, in Streifen schneiden, zum Hackfleisch zugeben. Ei, gewürfelte Zwiebel und ein Esslöffel geriebene Semmel untermischen, mit Salz und Pfeffer würzen. In heißem Öl braten.

Sauerkrautsalat

Zutaten: 500 g Sauerkraut, 1 Möhre, 1/2 Apfel, 1 große Zwiebel, Öl, Salz, Pfeffer

Möhre zerreiben, Apfel und Zwiebel in Würfel schneiden, zum Sauerkraut zugeben. 2 Esslöffel Öl zugeben, mit Salz und Pfeffer würzen, gut mischen.

Getränke: Mineralwasser, Kräuter- oder Schwarzer Tee

Abendessen

Geräucherter Fisch mit Käse

Salatblätter mit etwas Olivenöl abspritzen. Radieschen, Gurkenscheiben, in Würfel geschnittenen grünen Paprika, Oliven, gewürfelten geräucherten Fisch (z. B. Makrele) und gewürfelten Fetakäse auf die Blätter legen. Mit Salz und Pfeffer würzen.

Getränke: Schwarzer Tee, Kräutertee

DIENSTAG

Frühstück

Salami, Schinken, Speck

Blumenkohl mit Walnüssen

Blumenkohl in gesalzenem Wasser kochen, in Würfel schneiden, zerriebene Walnüsse und 2 Löffel zerhackten Dill zugeben. 3 Löffel saure Sahne, 3 Löffel Mayonnaise zugeben, alle Zutaten gut mischen. Mit Salz und Pfeffer würzen.

Mittagessen

Pilzsuppe

Zutaten: 200 g Pilze, 100–150 g Rippchen, 1 Möhre, 1 Petersilie, Stück Sellerie, Stück Porree, 2 Kartoffeln, Sahne, Suppengewürze, Salz, Pfeffer

Rippchen in gesalzenem Wasser kochen. Gemüse in Streifen schneiden, Kartoffeln in Würfel. Pilze für ca. 2 h in Wasser einlegen. Pilze zu den Rippchen zugeben. Nach ca. 15–20 min. restliches Gemüse hinzugeben. Gut würzen, verrühren und noch ca. 20 min. kochen.

Pilz-Schinken-Auflauf

Zutaten: 300 g Schinken, ca. 500 g Pilze (auch Champignons), Zwiebel, Gewürze

Schinken mit Oregano, Kräutern, Basilikum, schwarzem Pfeffer, Salz würzen. Etwas Sonnenblumenöl zugeben, für ca. 2 h stehen lassen.

Pilze in Würfel schneiden, in gesalzenem Wasser kochen (Champignons nicht kochen). In Öl braten, 2–3 Zwiebel würfeln und zugeben. Mit Salz und Pfeffer würzen. Schinken in Öl goldbraun anbraten. Schinken auf den Boden einer Schale legen, Pilze und Zwiebel darauflegen, mit geriebenem Käse bedecken. Im Backofen ca. 15 min. backen.

Abendessen

Käse, Schimmelkäse, Haselnüsse

1 Glas trockener Rotwein, Kräutertee oder Schwarzer Tee

Mittwoch

Frühstück

Schafskäse mit Sahne, Schnittlauch und Radieschen (Salz, Pfeffer zum Würzen)

Brokkolisalat

Brokkoli in gesalzenem Wasser aufkochen lassen, Wasser abgießen. Brokkoli mit Mayosoße (4 EL Mayo, 3 EL Sahne) vermischen, 3 zerhackte Knoblauchzehen zugeben.

Mittagessen

Hühnerbrühe

Zutaten: 1/4 Huhn, 2 Möhren, 2 Petersilien, 1 Porree, Stück Sellerie, Chinakohl, Salz, Pfeffer, Maggi

Huhn in gesalzenem Wasser kochen. Klein geschnittenes Gemüse zugeben. Am Ende des Kochvorgangs in Streifen geschnittenen Chinakohl zugeben. Gut würzen. Den restlichen Teil des Huhns würzen, für ca. 2–3 h im Kalten stehen lassen. Im Topf unter Zugabe von etwas Öl und 1 Glas Weißwein garen lassen.

Porreesalat
Zutaten: Porree, 2 Äpfel, grüne Erbsen, Mayo, Sahne, Salz und Pfeffer
Porree in dünne Streifen schneiden, Äpfel in Würfel schneiden, Erbsen zugeben. Mischen, ca. 4 EL Sahne und 3 EL Mayo, Salz und Pfeffer zugeben.

Abendessen

Thunfischsalat
Zutaten: Dosenthunfisch, Eisbergsalat, Radieschen, 2 Tomaten, Mais, 5 Eier, Joghurtsoße, Gewürze
Eisbergsalat in Streifen schneiden, auf den Boden einer Schale legen, etwas Öl und 1/2 Päckchen Salat-Dressing Paprikakräuter zugeben. Tomaten in Scheiben schneiden, auf den Salat legen. Thunfisch zerkleinern, auf die Tomaten legen. Radieschen in Scheiben schneiden, auf den Thunfisch legen, mit Mais bedecken. Mit Joghurtsoße abrunden. Gekochte Eier in vier Teile schneiden und auf den Salat legen.

Donnerstag

Frühstück
weich gekochte Eier

Chinakohl
Kohl in Streifen schneiden, Kohlrabi in Streifen schneiden, zum Kohl hinzufügen. Gelben Paprika in Würfel schneiden. Alle Zutaten gut vermischen, Olivenöl zugeben. Mit Paprikakräuterdressing, Salz und Pfeffer würzen.
Kräutertee oder Schwarzer Tee zum Trinken.

Mittagessen

Rippchen in Soße

Zutaten: ca. 1 kg Rippchen, 2 Zwiebel, 3 Knoblauchzehen, 1 Bund frisches Dill, Öl zum Braten, Salz, Pfeffer, Grillgewürze
Rippchen in Teile schneiden; mit Salz, Pfeffer und Grillgewürzen würzen. In einen kalten Raum für ca. 2 h stellen.
Rippchen gold-braun braten, in einen Topf legen und ca. 1 h garen, mit etwas Wasser abgießen. Zwiebel und Knoblauch golb-braun braten und zu den Rippchen am Ende des Garvorgangs hinzufügen. Schließlich klein gehacktes Dill zugeben und noch 5 min. garen.

Gefüllte Zucchini

Zutaten: 3–4 Zucchini, 5 Tomaten, 3–4 Knoblauchzehen, Öl, Petersilkraut, Basilikum, geriebener Käse, Salz, Pfeffer, Paprikagewürz
Zucchini kochen, halbieren, das Innere ausschaben, zerkleinern. Knoblauch zerreiben, zerhacktes Petersilkraut zur Zucchini geben. Mit Salz, Pfeffer und Paprikagewürz würzen. Füllung in die Zucchinischale legen. Tomaten leicht garen, schälen, in Würfel schneiden, auf die Zucchinifüllung legen. Mit klein gehacktem Basilikum, geriebenem Käse bestreuen.
Im Backofen ca. 10–15 min. backen.
Trinken: Tee oder Mineralwasser

Abendessen

Fischsalat

Zutaten: 2 geräucherte Makrelen, 4 gekochte Eier, 2 eingelegte Gurken, 2 Zwiebel, Mayonnaise, Salz, Pfeffer
Fischfleisch mit Gabel zerkleinern. In Würfel geschnittene Eier, Zwiebel und Gurke zugeben. Alle Zutaten gut mischen, Mayonnaise, Salz und Pfeffer zugeben.

Getränke: Tee

Freitag

Frühstück

Heringssalat

Zutaten: ca. 500 g Heringe, 2 Zwiebel, 1 Apfel, Öl, Salz, Pfeffer
Heringe in Streifen schneiden (ca. 2–3 cm), in eine Schale legen, mit Pfeffer würzen. Apfel und Zwiebel in Würfel schneiden und schichtweise auf die Heringe legen. Darauf noch eine Schicht Heringe legen. Mit Apfel, Zwiebel bestreuen etc. Das Ganze in reichlich Öl einlegen.

Gebratene Aubergine

Aubergine schälen, in ca. 1 cm dicke Scheiben schneiden. Mit Salz und Pfeffer würzen. In heißem Fett braten.

Mittagessen

Chinasuppe

Zutaten: ca. 1 kg Hühnerbrust, 1 Petersilie, Petersilkraut, 1 Möhre, Porree, Sellerie, Chinakohl, 5–6 Champignons, 2 Peperoni, 1 Zwiebel
Gewürze: Salz, Pfeffer, Muskatnuss, Chili
Hühnerbrust in Streifen schneiden, mit scharfem Paprikagewürz, Salz, Pfeffer und Chili für ca. 2–3 h in Öl einlegen. Nach 2–3 h Fleisch in kochendes Wasser legen. Während des Kochens Gemüse (außer Chinakohl) hinzufügen. Ca. 1 h kochen lassen. Chinakohl in Streifen schneiden, Petersilie klein hacken, zur Suppe hinzugeben. Gut rühren (nicht mehr kochen), stehen lassen.

Fisch in Gemüse

Zutaten: 600–700 g Fischfilet, 4–5 Paprika, 4 Zwiebel, 5 Knoblauchzehen, 1 Ei, Tomatenmark, Salz, Pfeffer, Maggi
Fisch mit Salz und Maggi würzen. In das Ei mit etwas geriebener Semmel einlegen. In heißem Fett braten. Gemüse klein schneiden, in heißem Fett anbraten, mit Salz und Pfeffer würzen. Gemüse mit dem übrig gebliebenen Fischfett und Tomatenmark vermischen.

Fischfilet in eine Backform legen, mit Gemüsesoße bedecken, ca. 15 min backen.

Abendessen

Gefüllte Eier

Zutaten: ca. 10 Eier, 200 g Champignons, Bund Petersilkraut, 3–4 eingelegte Gurken, 2 Zwiebel

Gekochte Eier halbieren. Champignons, Zwiebel in Würfel schneiden, in heißem Öl braten. Gurke in Würfel schneiden, Petersilie klein hacken.

Eigelb vom Eiweiß trennen, mit Champignons, Zwiebel, Gurke, Petersilie mischen. Als Füllung in das Eiweiß legen.

Samstag

Frühstück

Schinken, Salami, Käse, Speck

Schwarze Rübe mit Radieschen

Rübe in Streifen, Radieschen in Scheiben schneiden. Mit Salz würzen, für ca 1/2 h stehen lassen. Nach dieser Zeit Wasser abgießen, ca. 2 EL Sahne, etwas Pfeffer zugeben.

Mit Käse und Schinken servieren.

Mittagessen

Schweinepockets

Zutaten: 700–800 g Schweinefleisch, ca. 50 g trockene Pflaumen, ca. 50 g Walnüsse, 200 g Champignons, 150 g Käse, Salz, Pfeffer, Ei, geriebene Semmel, 3 Knoblauchzehen

Schweinefleisch in Streifen schneiden, in ganz dünne Streifen schlagen. Mit Salz und Pfeffer würzen.

Füllung: Champignons in Würfel schneiden, auf etwas Öl braten. Pflaumen und Walnüsse (zerhackt) mit Champgnions und verriebenem Käse mischen. Mit Salz und Pfeffer würzen.
Schweinefleischstreifen mit Knoblauch einreiben, in der Hälfte falten. In die Mitte die Füllung hineinlegen und mit Hilfe eines Zahnstochers befestigen. In Ei und geriebener Semmel einlegen, auf heißem Fett braten.

Sauerkrautsalat

Zwiebel in Würfel schneiden, zum Sauerkraut zugeben. Mit 3–4 EL Olivenöl verfeinern.

Getränke: Grüner Tee, Kräutertee oder Mineralwasser

Abendessen

Heringe in Sahne

500 g Heringe in Wasser für etwa 2–3 h einlegen, anschließend in Streifen schneiden. 2 Zwiebel und einen Apfel in Würfel schneiden. 4–5 EL Sahne zugeben.
Heringe in Zwiebel-Apfelsahne einlegen, mit Pfeffer würzen.

Gefüllte Champignons

Zutaten: 3–4 Tomaten, Petersilkraut, Basilikum, 3–4 Knoblauchzehen, Champignons
Tomaten schälen und in Würfel schneiden. Klein gehacktes Petersilkraut und zerriebene Knoblauchzehen zugeben. Das Ganze mit etwas Olivenöl mischen, mit Salz und Pfeffer würzen. Die Füllung in die Champignonköpfchen geben und in heißem Fett braten. Nachdem die Champignons fertiggebraten sind, mit frischem Basilikum bestreuen.

Sonntag

Frühstück

Mozzarella mit Tomaten und frischem Basilikum

Mozzarella, Tomaten in Scheiben schneiden. Tomaten auf den Mozzarella legen. Mit Basilikum, Salz und Pfeffer würzen.

Rührei mit Speck und Zwiebeln

Speck anbraten, in Scheiben geschnittene Zwiebeln zugeben. Nachdem die Zwiebeln weich geworden sind, 6–8 Eier unterrühren. Mit Salz und Pfeffer würzen.

Mittagessen

Gefüllte Gans

Zutaten: Gans, 4 große Äpfel, 3 Knoblauchzehen, 1/2 Glas Rotwein, scharfes Paprikagewürz, Geflügelgewürze, Salz, Pfeffer, Mayonnaise

Eine Gewürzmischung aus allen oben genannten Gewürzen herstellen und damit die Gans einreiben. Für etwa 12 h stehen lassen, damit die Gewürzmischung gut durchgeht. Nach 12 h die Gans in den gut vorgeheizten Backofen legen. Anfangs sollte die Temperatur bei 220 °C, später bei 150–180 °C liegen. Die Gans in regulären Abständen mit Wein „ablöschen".

Mit Sauerkraut servieren.

Abendessen

Käseplatte mit Gemüse

Auf eine Platte Salatblätter mit etwas Öl legen. Verschiedene Käsesorten in dicke Streifen schneiden, auf die Platte legen. Zwischen die Käsestücke Radieschen, Cherrytomaten, Oliven, marinierte Champignons legen.

Lieber Leser,

bestimmt ist dir aufgefallen, als du die Kochrezepte durchgelesen hast, dass dies eine sehr kohlenhydratarme Diät ist.

Die oben genannten Mahlzeiten habe ich speziell für 4-köpfige Familien, die Gewichtsprobleme haben, erstellt.

Ich weiß, dass es Familien gibt, die sowohl schlanke als auch übergewichtige Mitglieder haben. Die schlanken und gesunden Familienmitglieder können zu ihren Mahlzeiten dann passende Kohlenhydrate in Form von Brot, Kartoffeln oder Reis zu sich nehmen.

Lieber Leser, dir ist sicherlich auch aufgefallen, dass die Mahlzeiten sehr kalorienreich (relativ fettreich) sind. Habe keine Angst vor Fett (achte aber auf ausreichende Menge von guten Fetten und schränke die Menge von schlechten Fetten ein), denn dein Körper nimmt nur so viel auf wie nötig; den Rest scheidet er aus.

Lieber Leser, du kannst gut essen und trotzdem musst du dabei nicht zunehmen. Du kannst sogar an Gewicht verlieren und gute Gesundheit gewinnen.

Guten Appetit!

Genowefa Mysik und Magdalena Anna Mysik

Kommentar des Autors

Als erwachsener Mensch muss man sich nicht unbedingt 3 Mal pro Tag ernähren, schon gar nicht fünf Mal täglich. Meistens reichen zwei Mahlzeiten pro Tag völlig aus. Zu Mahlzeiten sollte man nicht zu viel trinken, aber dazwischen dafür mehr. Bei Menschen, die sich relativ fettreich ernähren, ist der Bedarf an Flüssigkeiten deutlich geringer, weil sich bei der Verbrennung der Fette in Anwesenheit des Sauerstoffs recht viel Wasser bildet. Die Kamele in der Wüste kommen mit einer kleinen Wassermenge gut aus, weil sie einen großen Vorrat an Fett in ihren Buckeln mittragen. Das Problem der Versorgung mit Vitaminen löst der Körper selber aus, indem er sie von Darmbakterien aus Nahrungsüberresten produzieren lässt. Die Wikinger aus Skandinavien nahmen für ihre sehr langen Seereisen fast ausschließlich den in der Meeresluft getrockneten Fisch und kannten keinen Vitaminmangel. Christoph Kolumbus nahm aber Pökelfleisch und Brot mit, deswegen mussten seine von Skorbut/Vitaminmangel geplagten Matrosen von Einheimischen in Amerika mit Obst gerettet werden. Man kann sagen: Jeder Mensch trägt seinen Obst-/Gemüsegarten in seinem Darm mit. Es geht lediglich um die Pflege und das Düngen des Gartens, also um richtige Bewegung und Ernährung.

Und nun zu dem oben genannten Alkoholproblem.

Wenn wir uns das Leben unserer Vorfahren besonders in gemäßigten Klimazonen, z. B. in Europa, mal ohne Kühlschränke vorstellen würden, dann würden wir bestimmt zu dem Entschluss kommen, dass sie ziemlich oft keine frischen Produkte essen konnten. Fett ist in der Natur eher Mangelware, deswegen müssten sie ziemlich oft keine frischen kohlenhydrat- und/oder proteinhaltigen Produkte gegessen haben.

Was bedeutet aber „nicht frisch“ in Plustemperaturen?

Gärungsprozesse, also Entstehung des Alkohols mit Hilfe von allgegenwärtigen Hefepilzen.

Wer hat die frischen und wer die unfrischen Produkte gegessen?

Dumm waren unsere europäischen Vorväter nicht. Also bekam der Nachwuchs meistens das Frische und die Alten das Unfrische.

Zum Nachteil für Letztere?

Ich habe mal ein Film aus Skandinavien gesehen. Es ging um das karge Leben der Wölfe dort. Der Filmmacher zeigte ein Wolfsrudel, der sich für Elche nicht vorrangig interessiert hat, lediglich kreuzten sich manchmal die Wege von den beiden. Falls aber das Rudel merkte, dass der Geruch des einsamen Elchs auf Verwesungsprozesse (alters- oder krankheitsbedingt) hingewiesen hat, erst dann erfolgte die immer erfolgreiche Jagd.

Was hat es aber mit uns Menschen und mit dem Alkohol zu tun?

Wenn wir älter werden, dann lässt die Produktion der Verdauungssäfte in unserem Verdauungstrakt nach, zum Nachteil unserer Zellen und gleichzeitig zum Vorteil für die unseren Darm besiedelnden Mikroben.

Wer kann sie in Schach halten? Ein Desinfektionsmittel, z. B. Alkohol!

Es ist genauso wie mit Nikotin. Was in den jungen Jahren nachteilhaft ist, kann in den alten zum Vorteil werden. Es bleiben außerdem aber die Fragen: Wann? Wie viel? Womit? Dazu kommen wir mal später.

Nun zu den oben von meiner Ehefrau und Tochter vorgestellten Gerichten.

Die Gerichte sind jeweils für eine vierköpfige Familie konzipiert. Die Familienmitglieder, deren Kohlenhydratverträglichkeit am schlechtesten ist, sollten selbstverständlich die Zutaten wählen, die am wenigsten Kohlenhydrate haben. Zum Beispiel: Der adipöse Vati bekommt zum Mittagessen eine Portion gedünsteten Fisch oder Fleisch samt echtes Gemüse, während seine schlanken, gesunden

Kinder samt ihrer schlanken und gesunden Mutti sich zusätzlich Obstgemüse und auch stärkehaltige Ergänzung (z. B. gekochte Kartoffeln), sogar ein süßes Dessert gönnen dürfen. Der Vati aber, wenn er kein Alkoholiker ist, darf am Abend ein Glas Wein oder gar ein Gläschen Brandy oder Whisky, wenn er etwas älter ist. Für den Vati, bis er wieder normalgewichtig wird, sind zucker-/stärkehaltige Produkte erst mal tabu, weil er schon zu viele von ihnen in Form von Fettgewebe und/oder Triglyceriden in der Bauchhöhle angesammelt hat. Und das nur deswegen, da er seinerzeit zu viel Kohlenhydrate im Verhältnis zu laufenden energetischen Ausgaben des Körpers aufgenommen hat und der Körper sie ins Fett umzuwandeln gezwungen war.

Die Autoren

Für Ihre Bemerkungen und Hinweise wären wir dankbar.
Wir bitten Sie, diese an folgende Mailadresse zu richten:
mysik_55@yahoo.de

novum VERLAG FÜR NEUAUTOREN

Bewerten Sie dieses Buch auf unserer Homepage!

www.novumverlag.com

Der Autor

Georg Josef Mysik wurde 1955 in Pommern/Polen geboren und wuchs auch dort auf. Nach dem Abitur absolvierte er ein Medizinstudium an der Pommerschen Medizinischen Akademie in Stettin (Szczecin), das er mit Auszeichnung abschloss. Es folgten Weiterbildungen in Allgemeinmedizin und Kinderheilkunde.
Dann arbeitete er in verschiedenen Bereichen als Arzt, bis er 1989 mit seiner Familie nach Berlin umsiedelte. Dort war er als praktischer Arzt tätig und gründete 1993 eine „Multikultipraxis" für Neuberliner aus ehemaligen Ostblockstaaten.
Heute ist er Rentner, glücklicher Ehemann und Vater und Großvater von je vier Kindern/Enkelkindern.
Im Zeitraum von 2004–2007 entstand sein Patientenleitfaden „Quo vadis medicine", der ihm ein großes Anliegen ist.

novum VERLAG FÜR NEUAUTOREN

Der Verlag

Wer aufhört besser zu werden, hat aufgehört gut zu sein!

Basierend auf diesem Motto ist es dem novum Verlag ein Anliegen neue Manuskripte aufzuspüren, zu veröffentlichen und deren Autoren langfristig zu fördern. Mittlerweile gilt der 1997 gegründete und mehrfach prämierte Verlag als Spezialist für Neuautoren in Deutschland, Österreich und der Schweiz.

Für jedes neue Manuskript wird innerhalb weniger Wochen eine kostenfreie, unverbindliche Lektorats-Prüfung erstellt.

Weitere Informationen zum Verlag und seinen Büchern finden Sie im Internet unter:

www.novumverlag.com